新式家庭教育

—养育有生命力的孩子

张玲& Aaron J Campbell

原书名：《新式家庭教育——养育有生命力的孩子》
第一版：2025年3月
版权 © 2025 Aaron J. Campbell & L. Zhang
版权 © 2025 Pathway to a Happy Life

PATHWAY TO A HAPPY LIFE

ENHANCE VISIBILITY TO WALK A BETTER PATH.

所有版权由 Pathway to a Happy Life Sustainable Development Limited
管理。

Te Puna Mātauranga o Aotearoa

NATIONAL LIBRARY
OF NEW ZEALAND

本书的目录记录可在 新西兰国家图书馆 查询。
电子书 ISBN：978-1-0670605-4-1
平装书 ISBN：978-1-0670605-5-8
有声书 ISBN：978-1-0670605-6-5

致 谢

感谢赋于我们生命的父母,感谢陪伴我们成长的家人和朋友.是你们的存在,让我们的生命有了坚实的根基与温暖的港湾。

感谢那些在我们的生命中,引导我们认识生命意义的良师益友.是您的指引,让我们看到了生命的无限可能,

是您如是的生活,让我们感受到生命得以升华的美好,

是您一次次辅导,让我们在迷茫中找到清晰的方向,

是您无私的付出,让我们学会了感知生命的深层意义,

是您的鼓励与支持,让我们明白了生命的独特价值,

是您的帮助与陪伴,让我们有力量不断成长,成为更好的自己。

因为您的教诲与激励,我们才有勇气去构建一个和谐、幸福的家庭,也因为您的陪伴与支持,我们才愿意成为更多人生命中的益友。

未来的路上,我们希望以更好的自己,陪伴更多人找到幸福的方向,帮助他们成为更好的自己。

彼此照亮,共同成就一段又一段充满爱与希望的生命旅程。

作者

Hi,

我们是张玲和 Aaron J Campbell

————

生活与家庭教育的伙伴 | 和谐家庭构建的倡导者 | 生命成长的践行者

我们是一对夫妻，两个孩子的父母，同时也是家庭教育、个人成长与有意识生活方式的倡导者。

张玲是注册家庭教育培训师，深耕家庭教育与生命成长领域十余年，专注于帮助家长明确角色、构建和谐家庭，并在陪伴孩子成长的同时实现自身成长。凭借八年企业体系、创新管理及系统化思维的背景，她为家庭教育带来了既专业又富有温度的实践方法。

Aaron在商业管理和领导力领域拥有近20年经验，专注于企业与个人的可持续增长，帮助企业和家庭构建长期、实用的发展路径。自2017年以来，他深入研究家庭关系、个人成长及创新教育方法，致力于打造充满活力的家庭环境。

在过去十年的实践与成长中，我们不断探索、调整和完善家庭教育理念，成功构建了一个充满爱与和谐的家庭环境。在这样的氛围下，我们的孩子受益良多，展现出健康、自信、充满活力的成长状态。这一切进一步坚定了我们对和谐家庭建设与生命成长的信念。

我们将商业智慧、领导力原则与家庭教育理念相结合，致力于帮助个人与家庭建立平衡、充实且富有意义的幸福生活方式。

本书介绍

在全球化和信息化高速发展的时代，家庭教育正面临前所未有的挑战。从孩子出生的那一刻起，每位父母都倾注了无尽的爱与期待，希望他们能在幸福与健康中苗壮成长。然而，复杂的社会环境和不断增加的压力让许多家长感到力不从心。曾经亲密无间的亲子关系，如今却变得紧张，甚至演变为矛盾和冲突。

我们不禁要问：

· 为什么那个曾经与我们无话不谈的孩子，开始变得叛逆、情绪化，甚至拒绝沟通？

· 为什么即使给予孩子丰富的物质条件，他们仍感到孤独，与家庭渐行渐远？

这些问题并非孤例，而是全球范围内的普遍现象。根据世界卫生组织(WHO)的统计，全球近20%的青少年正在经历心理健康问题，其中抑郁症和焦虑症的发病率逐年攀升。例如，在美国，约13%的青少年被诊断患有心理健康障碍。英国国家健康与护理卓越研究所(NICE)的一项研究显示，近五分之一的青少年经历过情绪严重低落或孤独无助的感觉。在澳大利亚，2021年的一项青少年健康调查指出，超过四分之一的青少年报告有过焦虑症状，12%的青少年曾有过自残或自杀的念头。即使在高度重视心理健康的北欧国家，芬兰的一份政府报告也显示，青少年抑郁症的发生率近十年来上升了15%。在中国，青少年抑郁检出率达到24.6%。

这些数据表明，青少年心理健康问题正成为全球范围内的重要议题。究其根源，家庭教育方式无疑扮演着至关重要的角色。家庭环境和教育方法直接影响着孩子的心理状态和行为模式。遗憾的是，尽管问题常常源于家庭，但承担后果的却是孩子。心理学家常说："生病的是父母，吃药的却是孩子。"这句看似尖锐的话语，却一语道破了其中的根本原因。

我们都知道，在日常生活中开车需要取得驾驶执照，经过学习交通规则和熟练驾驶技巧才能安全上路。然而，成为父母这样一项重要的"职业"却无需任何培训。很多父母在毫无准备的情况下"无证上岗"，按照自己固有的思维方式养育孩子，而其中可能隐藏着诸多误区甚至风险。我们是否曾反思过：我们的教育方式是否不小心走偏了方向？父母的"无证驾驶"是否导致亲子关系的碰撞？甚至引发孩子心理与情感的"事故"？

在这样的背景下，我们需要一种全新的家庭教育方式，帮助父母明确自己的角色定位，从而改善家庭关系。

我们的家庭曾经也面临着诸多困惑和迷茫，无从下手。我们彼此爱着对方，却无法忍受对方的脾气个性，无法认同对方的观点角度。在努力改变对方的过程中，家里变成了没有硝烟的战场。家庭气氛日益紧张，而我们的儿子也因此变得敏感胆小，见了生人便下意识地躲在我身后。生活的压力和无助感让我们对未来充满了焦虑。

带着诸多烦恼和焦虑，我们有幸遇到了生命中的贵人并得到他的指导。他说："如果把一个人比作一棵树，亲人和朋友就是这棵树上的叶子。当叶子发黄时，解决问题的关键不在于给叶子浇水，而在于滋养树根。树根的健康，才能决定叶子的生机。家庭关系的根，就是自我成长。"这番话让我们茅塞顿开，意识到改变必须从自己开始。

从那以后，我们开始审视自身，反思自己的言行。从生活中的点滴入手，学习生活和生命的道理，领悟一点改变一点，循序渐进在家庭中营造尊重与支持的氛围。渐渐地，家庭的紧张关系被化解了，孩子们的状态也发生了令人欣喜的变化。

儿子从胆怯变得自信与独立，女儿在和谐的家庭环境中培养了开朗的性格。而最受益的是我们自己——我们变得幸福了。

几年来，我们的家庭受益良多，蜕变成了幸福的家庭。我们深知，许多父母面临同样的困惑与挑战，因此希望通过这本书，帮助更多家庭找到适合自己的成长之道。我们相信，家庭教育的改变不仅能改善亲子关系，更能为孩子的幸福成长打下坚实的基础。

本书不仅整合了众多心理学和教育学的专业研究成果，还结合了我们十年的亲身经历，提供了行之有效的家庭教育之路。

通过本书，您将：

- 重新审视家庭教育的本质，从更广阔的视角理解家庭教育对孩子成长的深远影响；
- 明确家庭教育方向和目标，掌握在家庭中营造和谐氛围的方法，促进孩子全面发展；
- 探索提升亲子关系的实践，从情感连接到沟通技巧，为建立深层次的信任与爱提供可行路径；
- 获得自我成长的指南，帮助父母在陪伴孩子成长的过程中实现自我觉察与提升。

每一个家庭都有能力成为孩子幸福成长的坚实地基。只要父母愿意学习和尝试，就能够找到更好的与孩子共处的方法。养育之路从来不易，但也充满无限可能。让我们共同成长，成为更好的自己，有能力为孩子创造一个充满爱与支持的家庭环境，让他们成为自信、健康且富有活力的下一代。

从此刻开始，让我们携手开启这段探索与成长的旅程，共同为孩子的幸福未来而努力。

内　容

第一章

第二章

第三章

第四章

第五章

第一章

爱，从了解生命开始

每个孩子都是有生命力的个体，
家长要成为园丁为孩子提供良好的生长环境，孩子自然生机勃勃。
园丁培养的是有生命力的植物。

家长如果试图按照自己的"设计图"将孩子雕刻成自己想要的形状，如同木匠
一样，创造了一个自己设计的物品。
木匠打造了没有生命力的物品。

在20世纪60年代，著名经济学家和思想家E.F.舒马赫(Ernst Friedrich Schumacher)提出了一个发人深省的观点：人类对世界的理解应该采取整体思维，而不是将事物割裂开来单独分析。这种"整体思维"强调，只有通过理解事物之间的相互联系和动态互动，才能真正认知世界的复杂性与完整性。它为我们提供了一张更加健康、完备的"思维地图"，帮助我们在复杂的世界中导航。

舒马赫曾分享过他去列宁格勒(现圣彼得堡)的旅行经历。在寻找一座著名教堂时，他发现地图上竟没有标注这些教堂的位置。后来得知，这是地图制作者有意为之，刻意忽略了教堂的存在。这一经历让舒马赫深刻意识到：如果地图是错的，找到正确的方向几乎是不可能的。地图不仅是信息的展示，更是制作者价值观和选择的体现。

教育的"地图"：是否完整？

同样，在教育领域，我们提供给孩子的"地图"是否能够帮助他们认识真实的世界？是否能够引导他们过上清晰而幸福的一生？这正是现代教育需要深思的问题。许多学校提供的"地图"虽然标准化，但并不完整。教育的重心往往集中在学术知识和理论框架上，而对生命本身的关注相对较少。当孩子们步入社会，面对工作、关系和生活时，才发现"地图"上缺少了许多关键的标记——人际交往的能力、情绪管理的智慧，以及应对挫折的韧性。许多学生离开校园后，尽管在学术上表现出色，却在现实生活中感到迷茫和无力。现有的教育"地图"未能帮助他们理解生命的意义和丰富性。

心理学家阿尔菲·科恩(Alfie Kohn)在其研究中指出，教育如果忽略了学生的情感和社会能力，就会导致"精于学术但拙于生活"的现象。全面教育不仅发生在学校，还存在于家庭和社会之中，尤其是在人与人的互动过程中。

家庭：孩子的第一个学习环境

家庭是每个孩子的第一个学习环境，也是最重要的成长土壤。在这里，父母的言传身教塑造了孩子对生命的最初理解。这种理解最终决定了孩子能否以完整的视角来看待世界和人生。因此，父母需要肩负起责任，从了解生命开始，帮助孩子构建一幅正确而完整的"地图"，引导他们形成清晰的生命观。

这不仅是知识的传递，更是对孩子生命力的培养。

第一节

爱从了解生命开始

舒马赫进一步提出，世界的存在形式可以分为四个层次：无机物、植物、动物和人类。每一个层次代表了不同的复杂性与生命特征，为我们提供了理解生命的独特视角：

- 无机物：如石头、金属等物体，它们没有生命力，既无法主动行动，也无法感知环境。无机物可以随意分解或替换，而不会改变其基本功能。

- 植物：植物虽然拥有生命力，但它们的生存更多依赖外部环境的影响。它们能够通过自然条件生长，却无法主动选择自己的成长条件。

- 动物：相比植物，动物更为复杂。它们不仅有生命力，还能够感知世界并做出本能的行为反应。然而，大多数动物的行为仍然以被动为主，受到环境和本能的限制。

- 人类：人类是复杂的生命形态。不仅拥有感知能力，还能独立思考并通过自由意志塑造自己的生活。人类的主动性让我们成为环境的适应者与变革者，能够通过自身的努力改变自己。

这一层次划分告诉我们，人类作为有机整体，不应被视为可以随意操控的无机物。我们不仅是外部环境的接受者，更是自己生命的掌舵者。

主动与被动的生命状态

生命状态可以分为主动和被动两种，这反映了生命体与环境之间的互动方式，也影响着个体的成长与发展。

主动的生命状态：生命力的体现

主动的生命状态是一种充满生命力的表现。可以将生命比作一片汪洋大海，主动的生命状态就像是那些能够掌舵的航海者。在这种状态下，生命体能够凭借自己的意志和智慧，主动规划航向，决定自己的目的地。他们拥有理性的灯塔、情感的风帆和价值观的指南针。

这种主动性让人们拥有自我意识，能够掌控自己的情绪，反思自己的行为，预见可能的后果，并据此做出选择。具备主动生命状态的孩子，在学习中表现出极大的主动性和热情。他们不仅完成任务，更热爱学习的过程，享受探索知识的快乐。正如孔子所说："知之者不如好之者，好之者不如乐之者。"当孩子对学习产生兴趣并沉浸其中时，他的生命力得到了充分的展现和释放。

被动的生命状态：生命力的压抑

相比之下，被动的生命状态更像是水中的浮萍。在这种状态下，生命体的行为模式相对固定，缺乏主动性和自我意识。他们往往感到身不由己，面对选择时无助，面对情绪时无能为力，被外界环境牵着走。在被动生命状态中，孩子觉得学习是一种负担，而不是快乐的事。他们的学习动机往往是为了取悦父母或达到社会标准，而不是发自内心的热爱。他们的内在驱动力逐渐消失，生命变得机械化、程序化。

心理学家爱德华·德西(Edward Deci)和理查德·瑞安(Richard Ryan)指出，当外部压力取代内在驱动力时，个体的主动性与创造力会显著下降。这种现象在家庭教育中尤为常见：父母对孩子采取掌控、管教和监督的方式，大大小小的事情都替孩子做主，导致孩子缺乏独立成长的空间。

第二节
让孩子成为有生命力的个体

中国古代的教育学家孔子曾说："君子不器"。这是非常重要的教育理念。我们都知道茶杯、碗或者花瓶等等，这些容器各有其用，它们的形状和功能让这些同样材质的容器有了特定的使用范围。茶杯是用来喝茶的，碗是用来吃饭的，花瓶是用来插花的。

而作为人，翩翩君子，像是一片广阔的海洋，他们的心灵和能力是开放的、包容的，能够适应各种环境和挑战。君子不满足于成为单一用途的工具，他们追求的是更深层次的道德修养和智慧，他们的生活不是为了填满某个特定的角色或职位，而是为了实现更广阔的人生价值。

君子不器，意味着他们不将自己局限。像水一样，能够根据环境变化自己的形态，既能汇入小溪，也能融入大海。他们的心灵是灵活的，能够接受新的思想，学习新的知识，不断成长和进步。他们勇于创新，敢于突破，能够在变化中寻找新的机会。教育心理学家霍华德·加德纳(Howard   Gardner)提出的"多元智能理论"与"君子不器"的理念不谋而合。他认为，每个人都拥有多种智能形式，包括语言智能、逻辑数学智能、人际智能、自然观察智能等。真正成功的教育应激发孩子的多方面潜能，而不是将他们局限于某一单一领域。此外，心理学家卡尔·罗杰斯(Carl Rogers)的"全人教育"中也强调，教育的核心是培养孩子的创造性、情感体验以及自我实现的能力，而非单纯追求工具化的目标。

每个人都有无限的可能，不应被自己的过去或他人的期待所限制。像君子一样，拥有宽广的胸怀，不断探索，不断成长，成为能够适应各种环境的多面手，实现自己生命的无限可能。

作为孩子同样如此。孩子的成长过程充满了复杂性和随机性，无法按照固定的模式来衡量。每个孩子都有独特的生命力和内在动力，教育的任务是帮助孩子发现并发展这种潜能，而不是让他们成为单纯执行指令的工具。

第三节

家长的角色：是园丁还是木匠

发展心理学家艾莉森·高普尼克(Alison Gopnik)提出，家长在教育中的角色可以用"园丁"和"木匠"来比喻。想象一下，一个园丁和一个木匠在工作。园丁播下一颗种子，他不急着去强迫这颗种子变成什么模样，而是悉心呵护，提供阳光、水分和肥沃的土壤，让植物在合适的环境中自然生长，最终可能开出美丽的花朵，也可能长成一棵参天大树。而木匠呢？他按照设计图用工具一点点打磨木材，把它塑造成他想要的形状。园丁与木匠的成果截然不同：园丁的成果是生机勃勃的植物，木匠的成果则是没有生命的物品。

园丁型家长

园丁型家长以尊重生命的态度为基础，关注孩子的个性和自然成长规律。他们为孩子提供良好的生长环境，却不过度干预其成长方向。这种教育方式强调无条件地支持与爱，正如心理学家约翰·鲍尔比(John Bowlby)指出的，当孩子感受到无条件地支持与爱时，他们的心理健康与社会能力将得到良好的发展。

木匠型家长

木匠型家长试图塑造孩子，按照自己的期望为孩子设定未来的方向。他们按照自己的"设计图"将孩子雕刻成自己想要的形状。这种教育方式往往导致孩子失去自主性，变得习惯于按别人的指令行事。

记得有一次，我们和一位朋友谈起"园丁"和"木匠"的比喻时，她泪流满面地说："我就是那个被木匠养大的孩子。从小我的每一步都被安排好了，我没有机会按照自己的想法成长。现在，我连自己真正想要什么都不知道，也不知道如何为自己的人生做决定。我被动地在接受生命中发生的事情，我不快乐，但我也不知道如何跳出这个怪圈。"

生命充满了可能性。如果我们像园丁一样，提供适宜的环境，让孩子按照自己的节奏成长，他们会自发地探索世界，培养出好奇心、创造力和独立性。这样的孩子热爱生活，敢于挑战，拥有主动性。但如果我们像木匠那样，总是试图把孩子"打造成"我们理想中的模样，他们就会逐渐失去自主性，变得习惯于按别人的指令行事。这样的孩子很容易在成长过程中失去方向感，因为他们习惯了被安排，而不是主动选择自己的路。

作为家长，我们的角色应该是园丁，提供阳光、雨露和肥沃的土壤，让孩子在自己的节奏下自然生长。而不是木匠，试图按自己的意愿雕刻出一件"完美"的作品。教育的核心是从了解生命开始，帮助孩子找到属于自己的"地图"，让他们在复杂的世界中，找到属于自己的方向。

小结

教育需要完整的地图

教育需要一张完整的"地图"。如果地图是错的，找到正确的方向几乎是不可能的。教育不仅仅是知识的传递，更是帮助每个人成为独立自主、充满生命力的个体。家庭是孩子的第一个学习环境，也是最重要的成长土壤。在这里，父母通过言传身教，帮助孩子构建一幅正确而完整的"地图"，引导他们理解生命的意义与价值。

主动与被动的生命状态

• 主动生命状态：在这种状态下，孩子表现出积极、好奇和内在驱动的特质。他们能够主动设定目标、反思自我，成为生活的掌控者，积极应对各种挑战。

• 被动生命状态：孩子在这种状态下，往往只是为了迎合父母和社会的期望。他们缺乏自主性，动机由外界驱动，感到被动无力，甚至在生活中迷失方向。

家长的角色

• "园丁型"家长：尊重孩子的个性，提供自由发展的环境，让孩子按照自己的节奏自然成长。

• "木匠型"家长：试图按照自己的意愿塑造孩子，压抑了孩子的自我成长和内在生命力。

家长应成为"园丁"

家长的角色应该是"园丁"，而非"木匠"。为孩子提供成长的空间，培养他们的独立性和生命力，使其具备应对未来挑战的信心与创造力。只有这样，孩子才能真正成为自己生命的掌舵人，在复杂的世界中找到属于自己的方向。

第二章

教育的核心本质与方向

2.4 爱的四种美：
尊重、欣赏、祝福、成长

2.3 教育的真正目的：培养幸福生活的内在力量

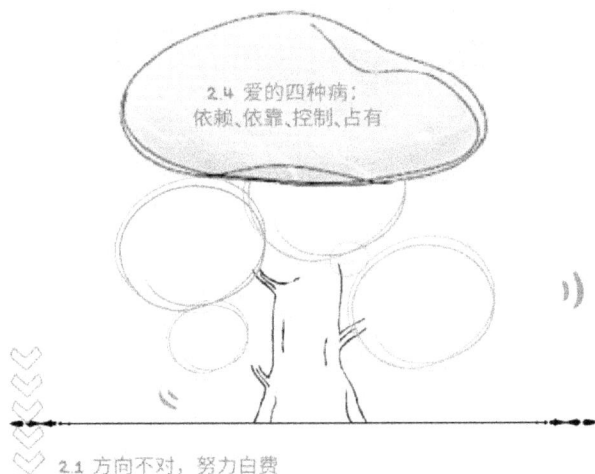

2.4 爱的四种病：
依赖、依靠、控制、占有

2.1 方向不对，努力白费

每位父母或许都曾在内心深处问过这样一个问题："教育的目的和方向是什么？"是为了让孩子取得优异成绩，考入顶尖学府？还是让他们成长为身心健康、能够享受幸福生活的人？

这个看似简单的选择，却蕴藏着对孩子成长深远的影响。教育目标的设定，就像航海时设定的目的地，决定了航船的方向与最终能否安全抵达。我们究竟是在引导孩子发现自己、找到适合他们的人生道路，还是在将他们推向我们认为的"成功"轨道？

第一节

方向不对，努力白费

成功离不开明确的目的与方向。斯蒂芬·柯维（Stephen Covey）在其著作《高效能人士的七个习惯》中提到："错误的地图只能让你越走越偏，离目标越来越远。"无论你的车速多快、里程多远，如果地图本身是错的，最终都无法到达目的地；如果目标错误，再多的努力也可能成为无效劳动。在家庭教育中，正确的目的地与方向同样是成功的基石。

案例分享：图书馆的思考——教育的方向在哪里？

让我带您走进一个亲历的场景，这也是让我对教育目标重新思考的一次深刻经历。那是一个周末，我选择去图书馆寻找一片宁静，沉浸在写作之中。然而，这个本应是家庭团聚、共享天伦之乐的时刻，映入我眼帘的却是：宽敞的学习大厅里坐满了家长和孩子。他们并不是来寻找知识的乐土，而是来完成一项看似永无止境的任务——作业。

家长们放弃了周末的休闲时光，陪伴孩子坐在自习室里，但这份陪伴却少了一份温馨，多了一份沉重。我注意到一位母亲，她紧挨着一个十三四岁的少年，目光牢牢锁定在孩子笔尖的舞动上，自己却像被定住一般，坐了好几个小时。太累了，她就趴在桌子上睡一会儿，醒来后接着盯着孩子。她的脸上写满了疲惫和无奈，孩子的眼神中也失去了孩童应有的光彩和活力。另一些家长也在目不转睛地盯着

23

孩子写的内容，看到孩子做错时，立刻去纠正。环顾四周，这样的家长和孩子比比皆是，他们的脸上都写满了焦虑和无力。

这一幕让我陷入沉思：

- 多年后，这些孩子回想起这个周末，会是一段怎样的回忆？是温馨的家庭时光，还是无尽的作业和压力？

- 是什么让家长们放下手头的一切，花费这么长时间盯着孩子写作业？

- 是什么让这位母亲放弃了自己的快乐，将全部心血倾注于孩子的学习和作业？

- 是什么让我们的孩子感到如此无奈与压抑？

- 这真的是我们所期望的教育吗？

- 这样的教育，真的能帮助孩子走向幸福吗？

第二节

从古至今，关于教育本质的思考

教育是什么？如何定义教育的本质？这是自古至今众多哲学家和教育学家不断探讨的问题。尽管时代在变，这些思想却为我们理解教育本质与目的提供了持久的启示。每个人都试图回答一个问题：教育的真正目的是什么？

苏格拉底(Socrates)：审视生活的智慧

苏格拉底认为教育是"灵魂的助产术"，帮助人们通过自我审视发现真理。他的名言"未经审视的人生不值得过"揭示了教育的深层意义：引导孩子认识自己，而非简单接受既定的知识和规则。

孔子(Confucius)：因材施教与德行培养

孔子提出"因材施教"，主张教育不仅要传授知识，更要根据个体差异培养品德与能力。他说："不愤不启，不悱不发"。教育的核心不是简单的灌输，而是启发孩子思考，帮助他们独立面对问题。

卢梭(Jean-Jacques Rousseau)：释放天性，顺应成长

卢梭则强调教育的根本任务是"唤醒潜能"，而非强加规

则。他认为孩子天生自由，教育应顺应他们的自然发展，而不是用条条框框束缚他们。

肯·罗宾逊(Ken Robinson)：培养创造力，尊重多样性

现代教育学者肯·罗宾逊在TED演讲中曾提到："教育的核心是培养创造力，而不是抹杀它。"当前的教育体系往往注重标准化，却忽视了个体的多样性。家庭教育正是弥补这一不足的关键所在。

埃里克森(Erik Erikson)：自我认同与幸福能力

发展心理学家埃里克·埃里克森指出，教育的关键在于帮助孩子建立自我认同感，并在社会关系中找到自己的位置。他认为，一个幸福的人必须在成长过程中完成与自己、与他人和与社会的"心理契约"。

卡罗尔·德韦克(Carol Dweck)：成长型思维

心理学家卡罗尔·德韦克提出了"成长型思维模式"的概念：成功不是天生的，而是通过努力和持续学习获得的。她指出，当孩子相信自己可以通过尝试变得更好时，他们会更愿意面对挑战，并在过程中找到乐趣。

共同启示：教育的核心在于培养孩子的成长能力，而非外在的成就

无论是苏格拉底的"自我审视"，孔子的"德行培养"，还是卢梭的"自然成长"，再到现代教育学，这些思想都指向一个共同的目标：教育是帮助孩子建立内在的成长力量，发掘内在潜能。最终，孩子能够用内在的力量从容应对生活中的挑战，达到内心的平静与幸福。

第三节

教育的真正目的：培养幸福生活的内在力量

教育的核心目标，从古至今都指向一个朴素却深刻的真理：让人逐渐学会自立，培养超越问题的能力，最终拥有一颗强大而稳定的内心，掌握幸福生活的本领。岸见一郎(Ichiro Kishimi)在《被讨厌的勇气》中提到：教育不是对孩子的"干涉"，而是帮助他们走向"独立"。卢梭在《爱弥儿》中所说："教育的任务不是灌输知识，而是培养自然发展的能力。"

我们生活在一个复杂而多元的世界，每个生命都是独特且复杂的。一个人是否拥有"好前途"，并不仅仅取决于单一的条件，而是多种能力与素质共同作用的结果。哥伦比亚大学临床心理学博士沙法丽·萨巴瑞(Shefali　Tsabary)提出：如果教育只关注一个狭隘的目标，而忽视其他重要能力的培养，就像只训练手的一根手指，却忽略了手的整体功能。

如果把孩子幸福生活的能力比作五根手指：

- 大拇指，代表与自己的关系。一个幸福的人，首先要学会与自己和谐相处。埃里克·埃里克森的人格发展理论指出，青少年的关键任务是形成清晰的自我认同。一个能

27

够接纳自己的人，会拥有更稳定的心理状态，也更容易找到内在的动力。

- 食指，代表与家人和朋友的关系。良好的人际关系是幸福的重要来源之一。孩子需要在与家人和朋友的互动中学会表达感受、处理矛盾，并获得归属感。研究表明，拥有良好社交技能的孩子成年后更容易感到幸福。

- 中指，象征与社会的关系。一个人如果能融入社会，贡献自己的价值，他会感到充实和有意义。社会学家埃米尔·涂尔干(Émile Durkheim)指出，个人幸福与社会责任感息息相关。

- 无名指，指向与目标的关系。对未来有清晰的方向，拥有可以激励自己的目标，会让人充满动力和希望。卡罗尔·德韦克强调，通过努力实现目标能让孩子更有成就感和幸福感。

- 小拇指，最后才是外在的成就。学业、事业的成功虽然重要，但仅是幸福的一个环节，而非全部。

今天的许多家庭教育却颠倒了这些优先级，把"小拇指"当作教育的全部，忽略了其他四根手指的培养。结果是，孩子或许学业出色，却在人际关系、自我认同、社会适应等方面显得脆弱和迷茫。真正的教育应该帮助孩子全面发展，建立心理稳定、社会适应和内在价值感的综合能力，而不是单纯地为了完成考试目标。

简言之，教育的本质是一种方法和途径，通过它，帮助我们去认识世界，感受周围的人事物境，去体会自己，进而成为更好的自己，成为独立自主的人，成为可以和他人乃至社会和谐共处的人，成为那些可以发挥价值，体会生命喜悦的人。教育的本质不在于灌输，而在于引导孩子全面发展，教会他们与自己、与他人、与世界和谐相处，找到自己的方向。只有厘清了教育的目标，我们才能在陪伴孩子成长的道路上走得更远、更踏实。

第四节

家庭教育的方向：
用无条件的爱去引导

当我们对教育有了更深的理解，不禁会思考：在陪伴孩子的过程中，家长真正需要提供的是什么？

绝不是盯着孩子写作业时的唠叨和管教，而是无条件的爱。正如心理学家阿尔弗雷德·阿德勒(Alfred Adler)所言："家庭氛围决定了孩子如何看待自己和世界。"卡尔·罗杰斯也强调："无条件地接纳是人类心理健康的基础。"如果孩子的爱被附加了条件，他们可能会压抑自己的真实感受，甚至在成年后继续背负自我怀疑的包袱。

然而，很多家长对"无条件的爱"存在误解，甚至不自觉地让这份爱偏离了应有的方向。

误区一：溺爱是一种爱

许多家长认为只要满足孩子的所有需求，就是爱孩子。孩子要什么，家长立即给予，无论是否合适，也不考虑孩子的真正需求。这种行为并非无条件的爱，而是溺爱。心理学研究表明，溺爱会削弱孩子的独立性，使他们缺乏应对挫折和解决问题的能力。这样的孩子在短期内可能感到被满足，但长期来看，他们会因为缺乏对现实的应对能力而陷入痛苦。当他们成长为需要独立承担责任的成年人时，可能会发现自己无法应对生活中的挑战，最终成为溺爱的"受害者"。

误区二："控制是爱"的错觉

还有一些家长认为"我为你好"就是爱，因而以爱的名义对孩子实施控制。孩子的行为必须符合家长的期望，才能获得所谓的"爱"。这种控制让孩子感到自己的价值完全依赖于外在的表现。他们会为了讨好父母而不断压抑自己的真实需求和感受，甚至在心理上形成巨大的焦虑和不安全感。当他们无法满足父母的期待时，往往会对自己产生深深的怀疑，甚至在成年后继续背负这种无形的压力。

误区三：用威胁作为教育工具

威胁式的教育在许多家庭中十分常见，传递的是一种不信任与否定，让孩子感到自己是被要求、被支配的对象。孩子可能在短时间内屈服，但内心却充满抗拒，甚至对父母形成敌对情绪。长此以往，这种模式会让孩子模仿父母的沟通方式，学会用暴力、威胁甚至冷漠来应对问题。在未来的关系中，他们可能会重复这种行为，难以建立健康的人际关系。

孩子是父母的复印件。如果复印件出了错，问题大概率在原件。

爱不仅仅是责任和付出，爱的品质需要不断提升。家长需要与时俱进，活到老学到老。缺什么，就学什么；哪里不足，就改什么；哪里跌倒，就从哪里爬起来。如果家长的爱是控制和占有，伤害就会很大；如果是尊重和接纳，伤害就会很小。

如何实践无条件的爱？

有家长可能会问："我爱孩子，但如何才能做到真正的无条件的爱？"答案是：用尊重、欣赏、祝福和共同成长来浇灌爱的土壤。这四种爱的实践，不仅是家庭教育的核心理念，也是帮助孩子健康成长的重要方式。

第一种正确的爱：尊重

尊重是深刻的理解与接纳。它体现在对孩子的感受、想法和选择的认可，而不是无视他们的独特性或试图改变他们的本质。卡尔·罗杰斯强调："只有在被无条件接纳的环境中，个体才能自由地发展其潜能。"对孩子的尊重，就是让他们感到自己的存在是被看见、被聆听和被珍视的。

案例一：用倾听代替说教

我们来看《高效能人士的七个习惯》中的一段父子对话：

子：上学真是无聊透了！

父：你对上学感到深深的挫折感。

子：没错，学校里学的东西根本不实用。

父：你觉得读书对你没什么用。

子：对，学校教的不一定对我有用。你看乔伊，他修车技术一流，这才有用。

父：你觉得他的选择对吗？

子：嗯，他现在收入不错，可几年后可能会后悔。

父：你认为将来他会觉得当年做了错误的决定。

子：一定会的，现在社会里，教育程度不高是会吃亏的。

父：教育很重要。

子：对，如果高中没毕业，可能找不到工作，也上不了大学……

在这个对话中，父亲没有急于发表观点或打断孩子，而是通过不断反馈和重复孩子的感受来表达尊重。这种方式不仅让孩子感到被倾听和理解，还帮助他们逐步理清情绪和逻辑，从而恢复理性思考。

案例二：尊重孩子的个性化选择

有一天，我用心地做了一顿丰盛的午餐并请孩子们一起用餐。儿子看了一眼说："妈妈，我不想吃这顿饭。"他的拒绝让我下意识有一丝不悦。但转念一想，儿子平时很容忍，经常会顾及别人的感受委屈自己，今天能够提出自己的想法，我特别替他开心。于是，我微笑着对他说："儿子，我很开心你能表达自己的想法。每个人都有自己的喜好，吃饭也同样如此。但是妈妈已经做了饭了，不能按每个人的要求单独再做一次。要不你去厨房看看，有什么是你想吃的，这也是一个锻炼自己准备餐食的好机会。"他听后非常开心，跑到厨房做了一个三明治，端到桌子上和我们一起用餐。我问他："感觉怎么样呀？"他说："很开心！"我回应："我也很开心，因为你敢于表达真实的自己，而且自己为自己的决定付出努力。"儿子看着我，开心地吃了起来。

通过尊重孩子的选择，我们不仅满足了他们的情感需求，也在潜移默化中教会了他们如何解决问题。尊重是对孩子成长的无形支持，能帮助他们更自信地探索自己的世界。

第二种正确的爱：欣赏

欣赏不仅仅是对孩子行为的简单肯定，而是看到了孩子行为背后的用心和努力，是对孩子独特个性和能力的认可。欣赏孩子时，家长不是只关注结果，而是关注过程，鼓励孩子在不断的尝试和学习中积累经验并逐步成长。

案例一：四颗糖

教育家陶行知先生当校长时，有一次看到一个男生用砖头砸另一个男生，便制止了他，并让他下午三点到校长室。男孩提前到达，忐忑不安地等待着。陶校长准时出现，拿出一颗糖递给男孩，说："这颗糖奖励你，守时还提前来了。"接着，又拿出一颗糖："你听到我制止后就停手了，说明你尊重别人，这是重要的品质。"男孩吃惊，不但没被批评，反而被表扬。

陶校长继续说："我知道你出手是因为对方欺负女生，这说明你善良、有正义感。再奖励一颗。"男孩被深深感动，意识到自己行为的错误，自愿道歉："校长，我错了，再遇到这样的事不会再用这种方式。"陶校长满意地笑着，再递出一颗糖："你知错认错，实在难得，不得不再奖励一颗。这是最后一颗糖，我们的谈话也结束了，回去吧！"

男孩手握四颗糖，眼神里透出光芒。这四颗糖消融了他的愤怒、自责和恐惧。陶行知先生用巧妙的方式点亮了他的良知。这个男孩最终成长为一名教师，引导更多的孩子。

案例二：发现并欣赏孩子的闪光点

女儿Jenny五岁的时候，有一次她从厨房端了一小盘子，没有拿稳摔在地上打碎了。她哭着说："妈妈，我把盘子摔碎了。"我说："宝贝，你还好吗？有没有受伤？你待在那别动，防止走动扎脚。"孩子听话地站在原地。我做了简单的清扫以后，把孩子抱出了厨房。孩子这个时候还是很沮丧，还不停地说对不起，自己不应该打碎盘子。我跟她说："宝贝，你第一时间主动告诉妈妈发生了什么，你很诚实而且还勇敢地承担了责任。这是非常勇敢的行为和敢于承担的品质。盘子碎了可以再换新的，关键你没有受伤才是重要的。以后咱们慢慢练习细心和用心就好了。"女儿听了看着我，似懂非懂地点点头，然后抱住了我。后来，我发现女儿特别关照别人，每次身边的人出现一点小意外或者是不舒服，她会第一时间过来问："你没事吧？"并一直陪在对方身边。在学校，她也是非常主动帮助同学，很多小朋友都很喜欢她。

通过这种欣赏，孩子知道父母在关心她的情绪，而非只看重物质损失。这种积极的反馈方式帮助孩子树立了正确的价值观，让她学会了同理他人并更加关心周围的人。这就是欣赏背后的力量，可以让孩子感受到自己的价值，并愿意在错误中学习和成长。

第三种正确的爱：祝福

祝福是一种对孩子未来的信任与肯定，它是一种积极的能量传递，不是简单的期待或压力，而是一种由内而外的温暖力量。祝福的核心在于家长对孩子的相信，相信他们有能力面对挑战并战胜困难，同时家长也要愿意放下对未来的过度焦虑，转而给予孩子鼓励和支持。

案例一：与其担心他不如祝福他

有一个朋友孩子在日本留学，一天他需要做手术。这位朋友作为母亲，不自觉的开始担心了起来。旁边的先生说：与其担心他不如祝福他。这位朋友停止了担心开始祝福，不仅自己调整好了状态，孩子的手术也非常成功，很快痊愈。

案例二：我需要的是你的祝福

一次我们在线上举办的成长营中，一位女士分享她先生切菜的时候，不经意地担心说了一句："小心别把手切了。"先生回复道："请你相信我有能力保护好自己，我需要的是你的祝福而不是担心。"在场的另一位女士触动到了，她想到自己和孩子的关系为什么紧张。很久以来，她都是担心孩子做不好这个做错那个，不停地叮嘱唠叨加上纠错，孩子感到不被信任，就不和她分享自己的任何事情，甚至在自己的社交账号中把她屏蔽了。自从这位母亲听到了"我需要的是你的祝福"这句话，她做了反思，一改往常的做法，停止了唠叨，换成了相信和祝福孩子。而他们的关系也随之好转，儿子慢慢和她分享很多心里话，主动征求妈妈的建议。两年后的一天，她收到了儿子的信息："妈妈，今天我决定把我社交圈敞开给你啦。"

以上的案例中，家长从最初的担忧和焦虑转变为对孩子的祝福，帮助他们在关系上有了极大的转变。祝福是一种无形的力量，它帮助孩子感受到来自家长的爱与支持，从而增强了孩子面对困难的勇气与信心。祝福不是一种形式化的祈祷，而是一种情感上的认可和鼓励，帮助彼此建立正确的连接，让孩子感受到家长无条件的爱。

第四种正确的爱：成长

很多时候，我们以为成长是孩子的事情，家长已经长大不再需要成长，于是把压力给到了孩子，让孩子被迫成长。然而，当父母摒弃固化思维，拥抱变化，与孩子一起探索未知、克服挑战时，这样的家庭氛围能培养出内心强大、敢于创新的下一代。父母通过重新审视自己，自我提升，成为孩子的榜样，与孩子一起在人生的旅途中并肩前行。这不仅是对孩子的培养，更是对自身潜能的开发，是对家庭的深度滋养。

案例：和孩子一起成长

有一天，我的儿子Jordan大声地对妹妹说："你不关灯的话，今天晚上你就睡在车库吧。"女儿Jenny着急地大哭起来。我向Aaron了解了情况，原来是他们三个回来在车库换鞋，Aaron说："你们换完鞋最后上来的人把灯关上。"Jenny最后换完鞋却没有关灯。儿子本来是想提醒，但是方法不太得当，导致了前面的事情发生。在那一刹那，我忽然看到了一个活生生的"孩子的父母的复印件"。以前不懂得做父母，不经意使用了这样的方式说话，哥哥把这个学习到用在了妹妹身上。我心里感到愧疚，于是来到儿子的身边和他聊聊天。

我说："Jordan，妈妈今天特别想和你说声对不起。妈妈爸爸也是第一次当父母，以前有很多不懂的地方，有一些方法也是不对的。比如说，说话的方式不对，说过'你不怎么怎么样，我就怎么样'。但这是一个不明智的方法，没有办法真正解决问题，还容易伤人。请你原谅爸爸妈妈以前做得不对的地方，我们也在学习怎么做一个好父母，我们在努力成长。"Jordan看着我点点头表示赞同。

我接着说："我也知道你不经意学习到了爸爸妈妈这种说话方式。比如刚才妹妹没有关灯的事情。事实上，可能她不清楚为什么要关灯，如果我们帮助她明白道理，她就更容易去做了。我们可以和她讲，妹妹如果灯一直开着的话会浪费电，电也是资源，需要节约，关上就不会浪费。你帮助她理解了以后，是不是会更好呢？"儿子表示同意。

第二天早上，他们自己准备早餐，需要用到豆奶粉。Jordan做完了一切以后，让Jenny把豆奶送回到储物柜里面。Jenny说："我做不了。"Jordan这次使用了鼓励的话，说："小妹妹，我们都需要学着长大，现在开始要练习呀。"Jenny说："可是柜子太高了，我放不上去。"Jordan说："站到凳子上就能够着了。"说着帮Jenny拿了一把椅子过来。Jenny爬到椅子上，把东西送到了原来的位置。

我看到这一幕，心里特别感动。没想到儿子的变化这么大，很快就能改变自己的行为方式。我们愿意在陪伴他的同时和他一起成长。只有不断成长，才能让家的这片土壤更有爱。

无条件的爱：家庭教育的基石

每个孩子都是纯净的，拥有强大的吸收能力。家长的每一句话、每一个行为，都会深刻影响孩子的成长轨迹。真正的爱，不是控制和干涉，而是用尊重、欣赏、祝福和共同成长为孩子打造一个安全而有力的环境。

当孩子感受到无条件的爱，他们会拥有更大的信心去面对挑战，探索世界，最终成长为独立、自信、富有生命力的人。让我们从今天开始，用智慧的爱点亮孩子的未来。

第五节

家庭教育的着力点：
提升自己，点亮孩子

在家庭教育中，许多家长往往希望通过努力，为孩子铺平未来的道路。然而，孩子的成长与命运并不完全在父母的掌控之中。父母真正的职责，并不是替孩子选择人生，而是为他们创造一个积极的成长环境，帮助他们找到属于自己的方向。正如阿德勒所说："父母并非为孩子规划道路，而是陪伴他们走向独立。"作为家长，我们不能决定孩子的未来，但可以通过提升自己，用行动为他们点亮前行的路。

榜样力量：行为胜于言语

父母在家庭教育中的影响，更多地来源于自己的行为，而非语言。一句简单的"以身作则"，蕴含着教育的核心真谛：孩子观察的是我们怎么做而不是我们怎么说。如果说和做之间出现反差，会让孩子对家长的"说教"充满抵触和怀疑。当父母在生活中展现出自律、正直、热爱学习的品质时，孩子会潜移默化地被影响。例如，一个常常阅读、不断学习新事物的父母，会让孩子自然对知识产生兴趣；而一个总是推卸责任、情绪化的父母，则会让孩子模仿同样的行为模式。

《人生只有一件事》的作者金惟纯先生提到："在家庭教育中，我们没有办法直接改变孩子，但可以改变自己，孩子会愿意成为你的样子。"这句话点明了家庭教育的关键：父母的自我提升，是对孩子最好的教育。

家庭的真正"起跑线"：从家长的改变开始

许多家长担心孩子"输在起跑线上"，因此投入大量时间和精力关注学区房、辅导班和名校。但事实上，真正的"起跑线"并不是这些外在资源，而是家庭氛围，以及父母的认知水平和行动能力。

家庭氛围决定了孩子的安全感与自信心。一个和谐、充满支持的家庭，能让孩子在挑战中找到勇气；而一个充满焦虑与争吵的环境，则会让孩子变得敏感、不安。心理学家乌里·布朗芬布伦纳(Urie Bronfenbrenner)指出，家庭是影响孩子发展的核心生态环境。孩子不仅从家庭中汲取情感营养，也在其中形成对世界的基本认知。

除此之外，家长的认知水平是孩子成长的关键。一个愿意学习、不断自我反思的父母，会展现出不同的言行举止，而这些言行举止会深深影响孩子。心理学家丹尼尔·戈尔曼(Daniel Goleman)提到："情感的力量是持久的，尤其在孩子的成长过程中，父母的每一个情绪行为都会深深印刻在孩子心中"。

教育的核心：引导孩子成为最好的自己

父母的每一次反思、每一次行为上的进步，都会在孩子身上展现出意想不到的改变。教育的核心，不是塑造孩子成为"理想的样子"，而是通过我们的榜样力量，引导他们成为最好的自己。

当父母改变1%，孩子的改变可能会是99%。

案例分享：我的教育方式到底错了吗？

一天，一位朋友带着满心焦虑来找我们。刚坐下没多久，她便泣不成声。原来，她刚收到学校的通知，得知儿子逃课了。那天晚上，她怒不可遏，对孩子严厉训斥，结果孩子选择了沉默，不再和她说话。这种冷漠的对峙让她感到无助，也让她对自己的教育方式产生了深深的怀疑。

她有两个孩子。大女儿已经24岁，是她以"虎妈"式教育方法培养出的"学霸"。她将女儿送进了理想的大学，这一"战绩"曾让她引以为豪，每次和朋友分享都备受称赞。然而，这份骄傲却随着时间的推移，变成了刺痛她的隐忧。大女儿和她的关系越来越疏远，甚至到了形同陌路的地步。

为了改善亲子关系，这几年她开始学习新的教育理念，决心在小儿子身上不再重蹈覆辙。然而，当她尝试减少管教时，却发现孩子渐渐失去了主动性：不再画画、不再打篮球，现在甚至逃课。她的妹妹批评她说："你太松了！这样孩子肯定学坏！看看我的孩子时间安排得满满的，进步快得看得见！"听到这些话，她更加迷茫，开始怀疑自己改变教育方式到底对不对。

重新审视教育的方向：拉长眼光看问题

为了帮助她平复情绪，我们聊起了新西兰高中的教育现状。Aaron笑着说："高中时我也逃过课啊，那时候觉得跟朋友一起玩很酷，现在想起来还挺搞笑的。"我也跟着笑了："我上高中的时候担任班长，逃课的事情也干过。"

朋友愣住了，显然没想到两个看起来生活挺"正轨"的人，竟然都有这样的"黑历史"。我告诉她："我们并不是在提倡逃课，而是想让你看到，人生的道路是长远的。一时的错误，并不会决定孩子的一生。我们都曾经有过叛逆的行为，但今天不也过得挺好吗？"她听了，渐渐平静下来。

我接着说："教育不在于纠结于一个时间节点的行为，而在于整体的成长路径。每个人的路都不同，孩子偶尔逃课或犯错，这些都是成长的一部分。重要的是，不要因为一件事给孩子贴标签，比如因为逃课就觉得他是坏孩子。否则，孩子会努力成为你眼中的样子。"

这时，朋友深吸一口气，点点头说："你说得对，我不能因为这件事就否定他。"

教育的真正目的：帮助孩子成为自己

我问她："孩子以前画画和打篮球，是他真的喜欢，还是因为我们觉得这些对他好？"她沉默了一会儿，说："画画对孩子大脑发展好，篮球可以锻炼身体，现在家长不都让孩子学这些吗？"

我问："那这些是他的选择，还是你的期待呢？"

她低声说道："可能是我希望他学的吧。"她顿了顿，继续说："想想也是，如果他自己不喜欢，再怎么逼他做，结果只会适得其反。我以前就是这样管教女儿，虽然她考上了理想的大学，但我们母女关系却彻底破裂了。我已经经历了一次教育的失败，我不想再重蹈覆辙了。这也是我改变对儿子的教育方式的原因。"

听了她的反思，我点点头："对，你自己已经亲身经历过了，更会有感触。教育的关键不在于让孩子去完成你的愿望，而是帮助他成为他自己。幸福的生活不是追求别人的目标，而是活出自己的价值。作为家长，我们需要问自己：有没有信任孩子？有没有尊重他们的选择？有没有为他们提供温馨的家庭环境？更重要的是，我们有没有在这个过程中成长，让自己更有能力提供更有爱的环境给他们？"

改变与成长：从对立到理解

回家后，这位朋友坚定了自己对教育方向的理解，并调整了自己的态度对待孩子。当晚，她主动对儿子道歉，说："昨天妈妈的态度不好，妈妈相信你是一个好孩子。"孩子听后明显被触动了，主动和她聊起了自己的感受，并告诉她最近心中的烦恼。

随着朋友态度的改变和行为的转变，家里的氛围也开始变得温馨起来。亲子间的对立逐渐被理解和信任所取代，孩子开始重新找到面对生活的动力，而她自己也从中感受到找到教育正确方向的幸福与力量。

小结

明确教育目标，掌握正确方向

教育是帮助孩子建立内在的成长力量，发掘内在潜能。孩子能够用内在的力量从容应对生活中的挑战，找到内心的平静与幸福。教育不是对孩子的"干涉"，而是帮助他们走向"独立"。

无条件的爱，奠定成长基石

通过尊重、欣赏、祝福和共同成长，父母能为孩子营造安全、支持的环境，让他们更自信地探索世界。

父母改变1%，孩子改变99%

父母的行为胜于语言。通过改变自己、营造和谐的家庭氛围，父母为孩子树立榜样，潜移默化地影响他们的人生方向。家庭教育是一场双向成长的旅程。当父母学会从目标、智慧、实践和行为上反思和成长自己，他们不仅能引领孩子找到属于自己的幸福道路，也会为家庭注入更深层的爱与活力。

第三章

新式家庭教育的实践

3.7 社会能力

3.6 独立性

3.5 安全感

3.1 大脑健康发展

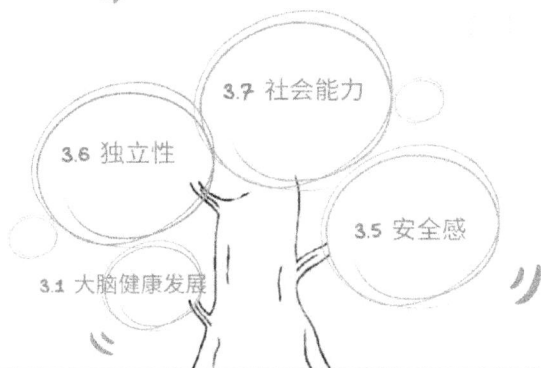

3.1 提供大脑健康发展的环境

3.2 做成熟的父母

3.3 学会放手管教

3.4 把握最好的教育时机

践行爱的四种美，避免爱的四种病

爱的四种美：
尊重、欣赏、祝福、成长

爱的四种病：
依赖、依靠、控制、占有

在上一章中，我们探讨了教育的本质与家庭教育的方向。很多家长在阅读后可能会问："如何真正实现这些理念？如何实践呢？"答案就在于在明确方向后学习加实践。

弗兰西斯·培根（Francis Bacon）曾在《沉思录》中写道："知识就是力量。"这句话在家庭系统中尤为贴切。如果我们对家庭教育的规律、孩子的发展需求一无所知，就像迷失在迷宫中，难免重复走入死胡同。只有通过学习和理解，我们才能识别问题、找到出路，并做出有意义的改变。"知识就是力量"这句话告诉我们，得先了解，唯有理解了，才能真正感知；感知后，才能产生行动，而有了行动，改变才成为可能。

当然，这个过程并不容易。无论是旧习惯的摆脱，还是新方法的尝试，父母都不可避免地会有不到位的地方，甚至反复出现问题。但重要的是，我们愿意反思，并坚持进步。就像教育本身一样，每一步都需要时间、耐心和智慧。

在接下来的内容中，我们将通过对家庭教育核心的进一步理解，结合科学研究与实践经验，一步步探讨如何在家庭中践行真正的爱，如何成为孩子成长路上的良师益友。这不仅是为了孩子的成长，更是为了让家庭成为每个成员都能感到幸福与安全的港湾。

我们侧重于和您探讨为什么，当您了解了为什么，结合自己的实际情况会有很多方法。如果不了解为什么，再多的方法也难以实现。

第一节

探索家庭环境对大脑发展的作用

你有没有想过，为什么有些孩子面对挑战时能冷静应对，而有些孩子却容易焦虑、崩溃？为什么有的孩子能在批评下更加努力，而有的孩子却因害怕失败而退缩？答案可能隐藏在他们的大脑发育过程中。现代脑科学研究表明，孩子的大脑发育不仅受遗传影响，更深受家庭环境的塑造。父母的互动方式、家庭氛围，甚至是我们对孩子说话的语气，都可能影响他们的情绪管理、学习能力和未来的社交适应力。

那么，什么样的家庭环境最有利于孩子大脑的健康成长？压力和情绪管理如何影响孩子的认知能力？

家庭环境如何影响大脑发育？

约翰·鲍比指出，亲密且安全的亲子关系是孩子情感健康和大脑发育的基础。这种关系不仅能为孩子提供安全感，还能促进认知能力和社交技能的发展。充满支持和爱的家庭环境能够显著增强大脑的适应性和复杂性，使孩子具备更强的学习和应对能力。

积极互动如何促进大脑发育？

· 丰富的互动(如倾听、耐心指导)能促进孩子的认知发展，提升学习能力。

- 充满安全感的环境，可以帮助孩子更好地管理情绪，提升专注力和抗压能力。

- 鼓励自主思考和决策，能够激活大脑前额皮质，培养孩子的理性思考能力。

高压环境如何影响大脑?

- 如果孩子长期处于高压环境(如父母经常批评、责骂或忽视孩子感受)，大脑的关键区域可能会发育受限，影响他们的情绪调节和学习能力。

- 过多的外部控制会让孩子变得被动，依赖指令，缺乏自我驱动力。

- 长期压力可能导致大脑分泌过多的压力激素(皮质醇)，影响孩子的记忆力和决策能力。

换句话说，家庭环境就像是一片土壤，决定了孩子的大脑如何生长。温暖、安全的环境可以滋养大脑，而高压、焦虑的环境可能会阻碍它的健康发展。

压力如何影响孩子的大脑?

大脑并非一个静态的器官，而是高度可塑的。它会根据孩子的成长环境不断调整，形成相应的神经通路。而当孩子长期处于压力环境中，他们的大脑会发生一些关键性的变化。

大脑区域	功能	长期压力下的变化
前额皮质 (理性指挥官)	负责逻辑思维、 自控力、决策	会抑制前额皮质的发育，使孩子变得更冲动、 更焦虑，难以控制情绪
杏仁核 (情绪战士)	负责情绪反应 (愤怒、恐惧等)	会使杏仁核异常活跃，导致孩子更容易愤怒、 焦虑，甚至出现攻击性或逃避行为
皮质醇 (压力荷尔蒙)	负责短期应激反应	会让皮质醇分泌过量，损害记忆和学习能力
海马体 (记忆中心)	负责记忆形成、 知识储存	过高的皮质醇水平会损害海马体， 导致孩子记忆力下降，学习困难

前额皮质——大脑的"理性导航员"

神经心理学家威廉·斯蒂克斯鲁德博士(William　Stixrud)提到，前额皮质是大脑中负责思考、决策、控制情绪的重要区域。它帮助孩子分析问题、管理冲动、解决矛盾，就像是一个理性的指挥官。然而，前额皮质的发育高度依赖于安全感和自主性。如果孩子长期生活在高压环境中，比如父母频繁的批评、责骂、过度控制，他们的前额皮质发育可能会受到抑制。这会让孩子更容易产生焦虑、逃避、情绪失控的反应，甚至在成年后面对挑战时缺乏耐心和解决问题的能力。

长期来看，一个无法有效调节情绪的人，不仅影响学习，还可能影响人际关系和未来的生活质量。这也是为什么，习惯于被支配的孩子，长大后往往缺乏独立思考的能力，而习惯于被批评的孩子，则可能形成低自尊、自我怀疑的模式。

杏仁核——情绪的"紧急按钮"

如果前额皮质是"冷静的指挥官"，那么杏仁核就是"情绪的战士"。当孩子感受到威胁或压力时，杏仁核会迅速激活，帮助他们做出战斗(愤怒)、逃跑(回避)或冻结(沉默)的应对策略。

但是，如果孩子长期处于高压状态，杏仁核会变得异常活跃，导致他们更容易：

- **过度焦虑**(对未来感到害怕，容易悲观)
- **易怒**(稍受刺激就爆发情绪)
- **退缩**(避免社交，不敢表达真实想法)

有研究表明，经常被高声训斥的孩子，其杏仁核的反应比普通孩子更敏感，这意味着他们的大脑更容易进入"戒备状态"，哪怕没有真正的危险。这种过度活跃的杏仁核，可能会让孩子成年后更容易焦虑、抑郁，甚至在人际关系中缺乏安全感。

这解释了为什么有些孩子在面对批评时，会选择攻击性回应，而有些孩子则变得沉默寡言、缺乏自信。因为他们的大脑已经习惯了在压力下做出"生存性反应"，而不是进行理性分析和冷静决策。

皮质醇——"压力激素"影响孩子的学习能力

当孩子面临压力时，大脑会分泌皮质醇，这是一种短期内有益的激素，可以帮助我们更好地应对挑战。但是，如果孩子长期处于高压环境中，皮质醇的水平会持续升高，影响他们的学习能力。

你是否遇到过这样的情况？

· 孩子在考试前非常紧张，结果越想记住的知识越记不住？

· 孩子在被责骂后，变得更加手足无措，甚至对学习失去兴趣？

这其实就是皮质醇在作怪。高浓度的皮质醇会影响孩子的记忆力，让他们在高压状态下难以专注。研究发现，那些在童年时期长期承受压力的孩子，成年后更容易出现专注力不足、学习困难，甚至情绪波动较大的情况。

从长远来看，如果孩子的压力荷尔蒙一直处于高水平，他们可能会变得易怒、焦虑，甚至对生活产生无力感。这也是为什么长期被高压教育包围的孩子，往往表现出害怕失败、拖延、缺乏动力的特征。

海马体——记忆和学习的"核心"

海马体是大脑中负责学习、记忆和信息整合的区域。健康的海马体能够帮助孩子更高效地储存和检索信息，让他们在学习中更加轻松自如。

但是，当孩子长期处于焦虑和压力之下，海马体的神经细胞可能会受到损伤，导致他们的记忆力下降，思维变得迟钝。研究发现，压力大的孩子在面对新知识时，记忆能力较差，甚至容易对学习产生抵触情绪。

这也解释了为什么被父母过度催促、责备的孩子，往往比被鼓励的孩子更容易在考试中出现"短暂失忆"。因为他们的大脑已经被高浓度的皮质醇"占据"，导致记忆功能受损。

脑科学给我们的启示

孩子的大脑就像一片可塑性极强的土地，家庭环境是影响这片土地生长的气候。如果家庭环境充满安全感、尊重和支持，孩子的大脑会建立健康的神经网络，使他们拥有更好的情绪调节能力和学习能力。

但如果孩子长期生活在焦虑、批评、压力之下，他们的大脑可能会形成过度敏感的杏仁核、受损的海马体和发展受限的前额皮质，从而影响他们的思维方式、情绪反应和人生轨迹。

我们给予孩子的教育，不仅仅影响他们的行为，更在塑造他们的大脑。让孩子在爱、信任和自由中成长，才是促进大脑健康发育的最佳方式。

了解这些原理后，我们将在下一部分深入探讨如何成为孩子生命中成熟的引导者，在管理好自己状态的同时，让孩子在爱的陪伴中找到成长的力量。

第二节

做成熟的父母：
营造和谐的成长环境

在现实生活中，我们常见到一些人在外是事业有成的精英，社交得体，善于处理复杂的人际关系；然而，在家庭中却表现出截然不同的状态——情绪化、控制欲强、难以调节自己的情绪。一旦家人未能满足他们的期待，便会失控，表现出过度的愤怒、冷漠或过激的情绪。这种内外反差不仅影响家庭氛围，也对孩子的大脑发展造成深远影响。

心理学家琳赛·吉布森(Lindsay C. Gibson)在其著作《情感不成熟的父母》中指出，这种行为往往反映了父母情绪发展的停滞状态。情感不成熟的父母倾向于将自己的情绪需求转嫁到家人身上，特别是孩子。这种模式不经反思和调整，容易代际相传，令孩子在压抑、不安的环境中成长。打破这一循环的关键是父母从情感成熟开始改变。

情感不成熟的父母：家庭中的隐形压力源

心理学中的"踢猫效应"是家庭情绪传递的生动写照：一天，一家公司的老板责骂了员工，员工带着怨气坐上出租车，对司机发火。司机回到家把气撒在妻子身上，妻子责骂孩子，孩子出门又踢了家里的猫，猫跑到大街上，抓伤了一个人，结果这个人就是那个老板。

在心理学上，情绪被视为具有高度传染性的力量。这种情绪的层层传递，最终可能引发家庭和社会中的连锁反应，破坏家庭氛围，也会在孩子未来的家庭中重演。布朗芬布伦纳强调，家庭是影响孩子成长的核心环境。如果家庭成员无法有效管理情绪，负面情绪会在家庭系统中不断循环，使孩子处于长期的紧张与不安中，进而形成低自尊或攻击性行为。

情感不成熟父母带来的典型家庭现象和感受

吉布森深入研究了情感不成熟的父母对孩子的影响，总结出一些典型的感受和相处模式，帮助我们识别和反思这些不健康的家庭关系。

冷漠与过度控制：在两个极端间摇摆

一些父母在物质上给予孩子满足，却忽视了情感的陪伴和互动。他们可能很少关注孩子的内心世界，对孩子的情绪需求置之不理，导致孩子在亲密关系中产生不安和距离感。

而另一个极端，则是父母对孩子进行高度控制，干涉他们的选择和独立性，甚至试图将孩子塑造成自己的延伸。这种过度控制剥夺了孩子探索自我的机会，让他们在成长过程中逐渐丧失自信和自主性，成年后可能会表现出依赖他人决策、害怕承担责任或不断寻求外界认可。

情绪责任错位：孩子成为"情绪安抚者"

在情感不成熟的家庭中，父母常常无意识地要求孩子承担调节自己情绪的责任。当父母沮丧、愤怒或失望时，他们希望孩子主动安慰、取悦，甚至为自己的不开心"负责"。孩子可能听到的话：

- "你要是乖一点，我就不会生气。"
- "你做这件事，简直让我丢脸。"
- "如果你考不好，妈妈会很伤心。"

苏珊·福沃德(Susan Forward)提到，这样的表达会让孩子形成一种深深的内疚感，误以为自己应该对父母的情绪负责，久而久之，他们可能会发展出讨好型人格(不断迎合他人，忽略自己需求)或回避型人格(害怕表达真实情绪，以免被批评或责怪)。

个人边界模糊：孩子难以建立自我认同

情感不成熟的父母往往缺乏清晰的界限意识，他们可能过度干涉孩子的生活，甚至让孩子承担自己未完成的梦想或未满足的情感需求。例如：

- 干涉孩子的隐私(偷看日记、手机等)；
- 把自己的遗憾投射到孩子身上("我小时候没学钢琴，所以你必须学")；
- 过度依赖孩子的陪伴(让孩子承担情感支持的角色)。

在这样的环境中成长，孩子可能缺乏独立性和自主意识。根据布鲁斯·佩里(Bruce Perry)的研究，长期生活在高压和边界模糊环境中的孩子，大脑压力系统会长期激活，影响他们的情绪管理能力，甚至导致记忆力衰退、焦虑和抑郁的倾向。

为什么有些父母始终难以情感成熟？

许多父母即使到了四五十岁，甚至六七十岁，仍然表现出幼稚、冲动、易怒的情绪反应。为什么会这样？吉布森博士提到：许多情感不成熟的父母，曾在童年时期经历过创伤或情感匮乏，他们的情绪调节能力并未随年龄增长而发展。如果一个人在成长过程中缺乏安全感，他成年后可能会通过控制别人来获得掌控感。布鲁斯·佩里的研究进一步表明，早期创伤会改变大脑神经网络的发育，使个体成年后表现出更高的应激反应。如果一个人在童年时期没有被情感滋养，他可能会在成年后向伴侣和孩子索取情感支持。

这就是为什么许多控制型父母的本质，其实是内心深处的不安和缺乏安全感。他们之所以不断要求孩子听话、表现优秀，并不单纯是为了孩子好，而是因为他们需要孩子来满足自己内在的情感需求。

然而，孩子并不应该成为父母"疗愈童年创伤"的工具。真正的成长，应该是父母先学会自我觉察，学会调节自己的情绪，而不是让孩子成为自己的"情感依赖者"。

打破不成熟情感模式的重要性

情感不成熟的父母常将他们未解决的情绪和创伤投射到孩子身上，形成代际传递。对于父母而言，认识到自身情感不成熟的问题，并通过反思和学习来调整与孩子的相处方式，是打破这种循环的关键。只有当父母能以成熟、稳定的情绪面对孩子，家庭才可能真正成为支持和爱的港湾。

做成熟的父母：从自我成长开始

成为成熟的父母，要对自己的情感模式和行为进行深刻反思，并做出积极提升。父母的自我成长不仅是个人完善的过程，也是为孩子创造良好成长环境的基石。以下是几个方面可以帮助父母走向成熟并在家庭中营造和谐氛围：

明确自我与人生方向：成熟的起点

许多父母在生活中感到迷茫和困惑，往往是因为没有清晰的人生目标或价值观。这种迷茫不仅影响自己的生活，还会让孩子失去明确的引导方向。作为父母，我们需要问自己几个重要的问题："我是谁？""我的价值观是什么？"NLP大师李中莹先生提到："我是谁，在我人生里面，这个身份定位可能就注定这个人一辈子用什么心态来活我的人生，做我的事业，甚至陪伴我的家庭"。通过思考这些问题，父母可以更好地认清自己的定位，明确如何成为孩子的榜样。

明确方向不仅仅是为自己指引，更是在潜移默化中影响孩子的价值观。研究表明，孩子在成长过程中对父母的模仿不仅限于行为，还包括对父母态度和信念的内化。当父母展现出坚定的方向感时，孩子会感受到一种稳定的力量，从而更有信心探索世界。

内在觉醒与情绪稳定：情感成熟的核心

成熟不仅仅是年龄的增长，更是内心的觉醒与情绪的稳定。埃里克森说：个体需要在不同阶段完成对自我的认知，才能更好地与他人互动。父母的情绪稳定性在家庭中尤为重要，它直接影响家庭氛围和孩子的情绪健康。

培养内在觉醒，要求我们觉察自己的情绪波动。每当产生负面情绪时，要有意识地自省：是什么引发了我的不快？这种情绪是否合理？如果我们能在产生情绪时保持觉察，便能更快调整，避免将负面情绪传递给孩子和家人。

有一个重要原则："能够照顾好自己的人，才有能力照顾别人。"苏珊·福沃德也指出，父母的情绪管理能力是孩子情感安全的基石。当父母能从容应对挑战时，孩子也会从中学习到情绪调节的方法。我们越能调养内在，使自己充实、平和且与正念相连，越能从容应对孩子带来的挑战，否则容易因他们的情绪波动而陷入不安和焦虑中。

尊重与支持：创造开放与包容的环境

英国精神分析学家温尼科特(Donald Winnicott)强调父母需要为孩子提供一个既安全又开放的环境，让孩子能够自由表达感受和想法，而无需害怕批评或否定。在这样的环境中，孩子能够逐渐培养独立思考的能力，同时建立起健康的情感表达方式。

这不意味着放任，而是对孩子的尊重和支持。这些是建立亲子关系的重要支柱。尊重和支持意味着父母能够接纳孩子的独特个性，而不是试图强迫孩子按照自己的期望成长。正如孔子所言："君子和而不同，小人同而不和。"每个孩子都有自己的兴趣、性格和潜力，父母需要以开放的心态对待这些差异。

共同成长：家庭的学习与进步

孩子的成长过程也是父母自我完善的机会。在这个过程中，父母需要放下"全能家长"的执念，与孩子一起面对挑战和问题。例如，当孩子对某件事情产生情绪或者冲突时，家长可以转变以前的情绪波动状态，明确自己的角色，稳定好自己的情绪，帮助孩子去理解和分析情景，过程中尽可能做到包容和理解。孩子在过程中有所收获，对家长而言也是一种成长。

这样的家庭氛围不仅有助于亲子关系的稳定，也为孩子树立了终身学习的榜样。正如温尼科特所强调的，当父母能够在孩子面前展现真实与包容时，孩子会从中感受到爱的力量和生命的智慧。

成熟父母的重要性：家庭的"定海神针"

成熟的父母是家庭中的稳定力量。他们通过冷静的态度和坚定的支持，营造出一个充满爱的家庭环境，让孩子感到被接纳和理解。在这样的家庭中，孩子不仅能更健康地成长，还能学会以成熟的方式处理未来的生活挑战。

正如托尔斯泰(Leo　Tolstoy)所言："幸福的家庭都是相似的，不幸的家庭各有各的不幸。"要让家庭成为幸福的源泉，父母的情感成熟是关键。通过自我成长与行为改善，父母不仅可以为孩子创造一个充满爱的空间，还能让整个家庭在和谐中共同进步。

关于自我成长的更多细节，我们将在第五章做进一步探讨。

案例分享：学会管理情绪后，孩子的自信心增强了

在我们尚未意识到做成熟父母的重要性之前，曾是典型的"情感不成熟父母"。家中常常弥漫着无形的紧张气氛，争吵、指责、冷战在所难免，而这些消极情绪常常不自觉地蔓延到我们年幼的儿子身上。

家庭不和谐，孩子成了直接的受害者

我们的儿子原本是个活泼开朗、喜欢开玩笑和爱捉弄人的小家伙。然而，随着家里矛盾的积累，我们渐渐发现儿子的性格发生了变化。他变得害羞，常常压抑自己的情感，在生人面前像小刺猬般蜷缩，时刻保持警惕。更让我们心痛的是，他的态度逐渐变得悲观。当时的我们，并没有意识到这一切是由家庭环境造成的。情绪的不稳定让家里的气氛变得令人压抑，而这种环境对孩子的影响是深远的。

转折点：从自我反省到行动改变

幸运的是，我们遇到了一位生命中的引领者。他让我们意识到，孩子的状态其实是父母情绪管理的"复印件"。我们从"行有不得，反求诸己"的理念中获得了启发，开始认真审视自己的情绪状态：是什么触发了我们的负面情绪？这些情绪是否合理？在觉察中，我们慢慢学会了调整自己的认知、态度和行为。

通过不断学习和反思，我们逐渐从"情绪化"的父母，转变为更加成熟、稳定的父母。家庭中的对抗与紧张减少了，取而代之的是更多的理解与包容。家里的氛围也随之变得更加和谐，冲突不再像以前那样频繁和激烈。

家庭和谐带来的孩子变化

当家庭氛围变得温馨之后，我们发现儿子的状态也发生了显著变化。他变得主动与他人交朋友，甚至开始主动安排社交活动，表现得比以往更加自信。他的情感表达变得更加自然，对家人、朋友的关心也愈发真挚。他会主动帮助他人，也敢于尝试新的挑战，比如积极参加学校的活动。

更让我们欣慰的是，儿子的自信心显著提升了。他开始展现出很强的自律性，主动完成学习任务，并因为数学表现优异被选入学校的数学特长班。在体育方面，他的羽毛球和冰球水平也有了明显进步，教练甚至感到惊讶：这个孩子的潜力竟然被激发出来了！这一切，都得益于他内在的安全感。

父母的成长是最好的教育

回头来看，我们惊喜地发现，在孩子身上取得的这些变化，其实并非因为我们刻意"教育"了什么。相反，我们并没有在他身上下过太多"硬功夫"。真正的改变源于我们作为父母，开始学习管理自己的情绪，构建一个更和谐、更有爱的家庭环境。正是这种温暖而稳定的家庭氛围，成为了孩子成长的土壤。

这个经历让我深刻体会到，父母的成熟和自我成长，是孩子获得幸福和自信的关键。在家庭教育中，情绪管理不仅仅是改善家庭关系的工具，更是影响孩子人格发展的核心要素。我们每一次努力提升自己，都会在孩子身上看到回响。他们的自信与幸福，正是父母成长的最美回馈。

第三节

学会放手管教：
给孩子成长的空间

你是否经历过这样的场景？

- 孩子写作业时，你忍不住在旁边盯着，一边催促一边纠正，但孩子越来越烦躁，甚至拒绝写作业。

- 孩子自己整理房间，你发现他收拾得"乱七八糟"，忍不住插手，结果最后还是你全盘接管。

- 孩子想自己做决定，你担心他走错路，便直接帮他做选择，甚至不容许他有"试错"的机会。

这些时刻，家长的出发点是"为孩子好"，但结果往往适得其反——孩子变得叛逆、依赖、缺乏责任感，甚至对父母的话越来越抗拒。

教育的核心，不是"管"得更多，而是"放"得恰到好处。真正的放手，不是放任，而是创造一个让孩子独立成长的空间。

不管教的智慧：给孩子适度自由

"不管教"并不等于放任，而是一种智慧的陪伴。岸见一郎指出，过度干涉只会扼杀孩子的成长潜能，让他们逐渐失去独立性。例如，父母过分关注孩子的学习，频繁督促、批评，可能会导致孩子产生压力甚至逆反心理，失去对学习的兴趣。

放手，不是让孩子随心所欲，而是给他们试错的机会，让他们在真实世界中找到自己的方向。孩子需要从自己的经历中学习，而不是依赖父母的指令。

为什么常常事与愿违？管教中的误区解析

记得在我们孩子上幼儿园的时候，有一天是幼儿园的开放日，我们得以机会去了解孩子在幼儿园的生活。在参观的过程中，一个细节让我感到困惑。老师没有一直在给孩子传授知识，更多的时候是在观察、支持和示范。当孩子做对了，也没有去表扬孩子，孩子做错了，也没有当面指出对错，而是给孩子空间去发挥。临结束的时候，我向校长请教我的疑问。校长回答：许多父母在管教孩子时陷入误区，他们试图通过批评、表扬、纠正等方式来塑造孩子，但这些方法可能反而抑制了孩子的成长潜力。

批评的陷阱：消磨孩子的信心

许多父母相信批评能帮助孩子"变好"，认为只有指出错误，孩子才能知错而改。然而，如果一个人从小习惯在批评中成长，长大后往往会变得缺乏自信，畏缩不前。批评本身难以带来持久改变，反而可能加剧孩子的负面情绪。

心理学家卡尔·罗杰斯指出，孩子需要感受到被无条件接受，而非因错误行为而被否定。批评不仅无法持久改变行为，反而可能让孩子为了获得关注而表现出更多叛逆行为，例如沉迷游戏、抗拒学习等。当孩子染上赌博、逃课等坏习惯时，有的父母采用严厉惩罚手段，甚至是打骂，希望强制纠正行为，但收效甚微。

岸见一郎指出，孩子的行为往往反映出对父母关注的渴望，尤其是当其正向表现未获得重视时，孩子可能选择叛逆以引起注意。很多时候，叛逆行为如过度玩游戏、逃避学习、沉迷社交媒体等，正是因为他们没有其他途径表达对父母的需求。批评不仅不会让孩子改正错误，反而会让他们愈发固执地重复这些行为，以求获得父母的关注。

表扬的隐患：使孩子依赖外部认可

表扬在教育中无疑是激励手段，但若频繁地用表扬来驱动孩子却没有让他明白背后的原因，可能会让孩子产生依赖心理，变得只在意外界的评价。例如，若孩子每次写完作业、考出好成绩时都习惯于等待父母的夸奖，那么当外部认可缺席时，他们就可能失去动力。这种习惯会让孩子缺乏内在驱动力，变得只关注那些能得到赞美的事，而忽略了过程中的自我成长。长此以往，孩子会变得过分依赖外部评价来判断事物的意义与价值，甚至感到"无表扬就无意义"。爱德华·德西和理查德·瑞安在"自我决定理论"中强调，真正的动力来源于内在，而非外界的奖赏。

以"对错"干涉：剥夺孩子体验失败的机会

孩子在成长中难免会犯错，但错误恰是学习的良机。许多父母在面对孩子的失误时，总会不自觉地纠正，试图避免失败的发生。然而，经历失败才能使孩子领悟到责任与改正的意义。举个例子，一个孩子在功课中遇到难题时，如果父母立即介入并给出答案，孩子便失去了自己寻找答案、解决问题的机会。失败是成长的重要组成部分，正如心理学家卡罗尔·德韦克所提出的"成长型思维模式"。当孩子经历失败时，他们能够培养韧性并学会从错误中学习。若缺少这种亲身经历，他们容易因害怕失败而失去探索精神，无法体验到挑战带来的成就感。另外，对与错好与坏是谁界定的呢？我们用自己以为的好与坏对与错去教导孩子，真的就是正确的吗？

在唠叨中成长：容易引发叛逆心理

在许多家庭中，父母总喜欢唠叨，反复提醒孩子要按自己的标准行事。然而，唠叨常常事与愿违，反而可能激起孩子的叛逆心理。当家长一遍遍强调孩子该做的事，孩子往往会产生对抗心理，甚至故意违背要求。这种情况下，父母的每一句唠叨都成了孩子不合作的理由。叛逆是孩子用来捍卫自己尊严的方式，当他们感到自我价值被贬低时，便通过"对着干"来回应父母的过度干涉。

有效管教的原则：放手与引导并行

放手不是"不管"，更不是让孩子随心所欲，而是在自由和引导之间找到平衡。真正的"放手"，是帮助孩子在适当的环境中建立独立性、自律和责任感，让他们能够自己管理自己的人生。

接纳孩子的真实面貌，而非理想中的样子

温尼科特提出，父母需要接纳孩子的"真实自我"，而不是期望他们变成理想中的模样。每个孩子都有自己的独特性，父母的任务是支持他们的优势，而不是试图改造他们。

如果孩子一直被要求迎合父母的期待，而不是按照自己的节奏成长，他们容易产生自我怀疑、焦虑，甚至丧失对生活的热情。父母要做的，是支持孩子探索自己的兴趣，而不是把他们塑造成"理想版本"。

从"命令式"变为"合作式"，建立平等的亲子关系

传统教育中，父母往往扮演权威者的角色，习惯用命令式语言："你必须……""不许……"但真正有效的沟通，是基于合作和尊重，而不是控制和服从。

命令式教育

- "你不许玩游戏，先去写作业！"
- "你今天必须去补习班，否则我就不让你玩。"

合作式引导

- "你觉得什么时候完成作业，才能玩得更开心？"
- "学习很重要，我想听听你的想法，咱们一起商量一个合适的安排。"

阿德勒心理学认为，归属感和价值感是人一生追求的两大需求。孩子只有在归属感和价值感被满足时，才愿意合作。如果孩子感受到自己被尊重，他就会更愿意主动参与，而不是被迫服从。归属感源于家庭的爱，而价值感则源于他人的感谢。岸见一郎也提出，对孩子的贡献和努力表示感谢，而不是表扬。比如，孩子在地铁中保持安静，父母可以轻声道一声"谢谢你今天这么安静。"这种表达不仅能让孩子意识到自己的努力得到认可，还会让他体会到自己带来的积极影响。当我们尊重孩子的贡献时，他们的归属感和价值感也随之增加。在他做的各方面的贡献当中，他陪你散步，你可以感谢他；他做了一些家务活，你可以感谢他；他对别人说了体谅的话，你也可以感谢他。

允许孩子体验失败，让他们学会承担后果

失败是成长最好的老师。许多家长害怕孩子吃苦，总是提前替他们规避错误和挫折，但这样反而会剥夺孩子的成长机会。

什么是健康的失败体验？

- 孩子考试没考好，应让他自己思考问题出在哪，而不是责骂或额外施压。

- 孩子赖床导致上学迟到，让他自己面对迟到的后果，而不是天天催促、责备。
- 孩子玩游戏太久影响学习，应让他认识到成绩下滑的后果，而不是直接没收手机。

如果孩子没有经历失败，他就不会真正理解"选择的后果"。当孩子自己承担行为的后果，他会学会如何做出更好的决策，而不是靠父母提醒或惩罚。父母应该允许孩子在安全范围内体验失败的后果，而不是过分保护或替他们解决问题。

有些父母不放心孩子的选择，总喜欢替他们包办一切。然而，如果我们过于保护，孩子就无法学会自我负责。这样的孩子可能会在父母的包办下过上让父母满意的生活，但对自己的人生毫无热情。没有经过努力获得的成功是转瞬即逝的，这样的孩子将永远无法面对生活中的各种挑战。不要替孩子走捷径，因为走捷径意味着错过了最重要的成长过程。

用智慧替代惩罚，让孩子理解规则，而非畏惧权威

当孩子犯错时，许多家长的第一反应是惩罚，但惩罚往往只会让孩子感到害怕，而不是理解规则的重要性。正确的方式是：用"自然后果"代替强制惩罚。

自然后果：让孩子自己体验错误的影响

- 没收拾玩具，第二天找不到，就让他自己承担后果，而不是帮他收拾后再责骂。
- 作业没写完，老师批评了，应该让孩子自己去面对，而不是家长代写或帮忙解释。

错误的方式：惩罚与错误行为无关

- "你作业没写完，就不许吃饭！"(作业和吃饭无关，孩子学到的不是责任，而是害怕父母。)
- "你打碎杯子，今天不许看电视！"(孩子学不到如何小心，而是学会掩饰错误，避免被罚。)

正如简·尼尔森(Jane Nelsen)所说："惩罚可能短暂地遏制不良行为，却无法培养长期的自律能力。"惩罚让孩子学到的是"我必须躲避责骂"，而不是"我应该为自己的行为负责"。正如行为主义心理学家斯金纳(Burrhus Frederic Skinner)指出的那样，适当的行为后果可以帮助孩子学会承担责任，而不适当的惩罚只会增加孩子的困惑与对抗情绪。当孩子不按父母的建议行事时，父母可以选择坦诚地表达自己的想法，同时尊重孩子的意愿。与其指责孩子的行为，不如通过对话帮助他们意识到问题的本质。

心理学家戈特曼(John Gottman)的研究表明，当父母以开放的态度与孩子交流时，孩子会更愿意接受指导并发展自我反省的能力。在孩子犯错时，适当等待比急于纠正更能促使他们自省、成长。但我们很多家长觉得，怎么能眼睁睁看孩子越走越错？如果家长使劲去拉的话，他可能再也回不来了。这是大量的经验和教训所带来的结果。有时候使特别大的劲，确实起不到更好的效果。父母不能够决定孩子的人生。

赋予孩子面对生活的勇气，让他们真正成长

阿德勒认为："真正的教育，是让孩子学会如何面对挑战，而不是避免挑战。"，"人人皆可成就自我"，孩子需要从小被赋予生活的勇气，才能从容面对成长中的挑战。孩子的成长，不是让他们一直处于舒适区，而是让他们在挑战中培养独立性和韧性。父母的角色，不是替孩子解决问题，而是帮助他们发现问题的解决方案。

- 给予孩子探索的自由，帮助他们找到自己的道路。

- 鼓励孩子直面困难，而不是逃避。

- 支持孩子，而不是控制他们的选择。

与此同时，父母需要避免让孩子背负不必要的心理负担。一个孩子不应因未能达成父母或社会的期待而感到内疚。让孩子感到"辜负了父母"是一种道德绑架，会压垮他们的内心勇气。教育的目标是让孩子在努力中找到快乐，而不是为满足他人的期望而不断取悦。

"放手"不是不管，而是给予孩子成长的机会，帮助孩子成为他本来的样子。

如果我们家长真的能够理解以上所提到的内容，你会发现，家长需要做的事，就是爱他、尊重他、感谢他、等待他。然后有大把的时间去过自己的生活，给孩子树立一个榜样，你是如何成长和进步的。相信每个生命都不会轻易地放弃自己。真正导致孩子放弃自己的，是家长和老师错误的教育方法。

案例分享：孩子的第一次购物经历

一天，儿子和女儿跟邻居家的孩子在外面玩，玩着玩着，他们商量着要去买点东西。于是，三个孩子悄悄跑到了离家两公里的小商店。过了一会儿，儿子手里拎着两把玩具小手枪和两盒塑料子弹，女儿则带回了一个蓝色的塑料发辫和一盒串项链用的彩色珠子。他们对我说："妈妈，这是邻居家小朋友送的圣诞礼物。"

过了一会儿，儿子有些忐忑地走过来说："对不起，其实这些东西是我和妹妹自己买的。"听到这话，我先是惊讶，随即笑着说："哟，你们都会购物啦！能告诉妈妈你们是在哪儿买的吗？"孩子们放下心来，开始分享他们的经历。他们告诉我，这是他们第一次自己去小卖店，用自己的零花钱买了喜欢的东西。

我接着说："谢谢你们告诉妈妈实话。这是你们人生中第一次购物，感觉怎么样呀？"儿子和女儿异口同声地说："又兴奋又害怕。"我饶有兴趣地问："那你们挑选的时候是怎么做决定的？最后又是怎么付钱的呢？"孩子们认真地描述了他们选东西的过程，还兴致勃勃地告诉我他们用现金结账的细节。

我继续问道："那为什么一开始没告诉我们这些东西是你们自己买的呢？"儿子低下头，有些不好意思地说："我们怕你们会批评我们。"听到这话，我笑着安慰他们："谢谢你们的坦诚分享。爸爸妈妈真的很喜欢听你们的经历，下次有什么事直接告诉我们吧，爸爸妈妈不会责怪你们的，反而会很乐意知道哦。"

孩子们听后开心地点了点头，似乎松了一口气。随后，我们提议："既然你们现在已经学会购物了，是不是也应该开始学着管理自己的钱呢？"接着解释说："你们攒的零用钱已经不少了，放在钱包里可能不太方便，现在很多人都用银行卡管理钱。要不要试试开一个自己的银行账户？这样你们的钱存在里面，每个月还能获得利息。存得越久，利息就越多，这样不仅安全，还能学到更多理财知识。"

孩子们听了很感兴趣，兴奋地答应了。于是，我们全家一起帮他们开设了银行账户，把现金存了进去。从这天起，两个孩子开始学习财务管理，还学会了储蓄和小投资的基本概念。

尊重孩子的成长经历

这次购物经历对孩子来说是一次宝贵的成长体验。我们没有因为"偷偷购物"而责骂他们，而是通过轻松的对话让他们感受到信任和支持。这样的处理方式让孩子们能够更自然地分享他们的想法和经历，增强了亲子间的信任感。

从经验中学习

孩子不仅学会了如何挑选商品、结算费用，还体验了用自己零花钱购买心仪物品的成就感。这次经历让他们意识到数学在生活中的实际应用，也帮助他们理解了财务管理的基本概念。

开启理财教育的契机

孩子的购物行为为理财教育提供了一个自然的切入点。通过设立银行账户和储蓄计划，孩子们开始学习如何管理自己的财产，这不仅增强了他们的独立性，还为他们的未来奠定了基础。

促进自信和独立性

我们的鼓励和支持让孩子在经历中感受到被认可的快乐，而不是因为错误的处理方式而失去信心。这次购物事件成为他们迈向独立和自信的重要一步。

第四节

教育最好的时机：
在孩子做对的时候引导

许多家长认为，教育孩子最有效的时机是当他们做错事时纠正错误。在这种观念下，家长往往将教育等同于"发现错误——指出错误——纠正错误"的过程，仿佛教育的本质就是"纠错"。然而，这种方式并不是最有效的。

教育最好的时机是什么时候？

分享一个案例。

帆书的首席内容官樊登先生曾经养过一条狗，不知道如何大小便。一位老大爷说："你要教训它。"他回家后看到狗随地大小便就教训了狗。但随着时间的推移，狗不仅没有学会去厕所，反而在随地大小便后会等着被教训，它已经习惯了被教训。后来，一位警犬训导员告诉他，教狗上厕所其实并不难，关键在于正确引导。先带它经常去厕所走走，教它认识这条路，告诉它这是上厕所的地方。然后把带着气味的纸放到厕所，让它闻着味道去。一旦做对了，摸摸它并且说"很好"。狗很聪明，一两次后就能学会。

另一个有趣的实验可以帮助我们理解。

心理学家爱德华·托尔曼（Edward Tolman）曾对两组老鼠进行迷宫

训练：

- 第一组老鼠每次走对方向时，会得到食物奖励；
- 第二组老鼠每次走错方向时，都会遭到电击。

实验结果表明，第一组老鼠学习速度更快，并且记住正确路径的时间更长。相反，第二组老鼠在压力下表现混乱，甚至形成逃避行为。这一实验说明，人类和动物在学习时，对"做对的事情"所得到的正面反馈，更容易产生深刻记忆，并养成长期习惯。

这恰恰表明在教育孩子时，关注他们做对的事情比纠正错误更有效。

"纠错式"教育的弊端

家长习惯于在孩子犯错时"出手干预"，却很少在孩子做对时给予肯定。这种模式可能会导致：

孩子对"错"高度敏感，而对"对"缺乏认知

孩子在成长过程中，错误总是会发生。如果家长只关注错误，孩子很可能会变得害怕尝试，甚至回避新事物，因为他们会认为"做错事意味着受到批评"。

而如果孩子做对了事情，却没有得到任何正面反馈，他们可能会认为"做对和做错没什么区别"，从而缺乏动力去坚持正确的行为。

孩子的关注点从"提升自己"变成"逃避批评"

心理学家阿尔伯特·班杜拉(Albert Bandura)的社会学习理论指出，孩子对行为意义的理解很大程度上取决于观察和反馈。如果家长忽略了对孩子正确行为的反馈，孩子很可能无法理解自己为什么要坚持这种行为。例如，当孩子主动在餐桌上表现得安静得体时，父母若及时表示感谢并解释其积极意义，孩子会感到被认可，并进一步巩固

这一行为。如果这种行为得不到关注，而只有在犯错时才被纠正，孩子将更倾向于在错误中寻找存在感，甚至是逃避。

卡尔·罗杰斯也强调，在孩子成长过程中，父母需要用无条件的积极关注对待他们的行为和情绪。通过接纳，孩子能够感受到被支持和信任，从而更加愿意调整自己的行为。在情绪平复后再讨论问题，不仅有助于解决问题，也能帮助孩子更深刻地理解自己的行为。

所以，教育最有效的时机，是当孩子做对事的时候，而不是做错事的时候。

情感引导式教育：让孩子学会健康地表达情绪和处理事情

教育的核心不仅是知识传递，还包括帮助孩子学会管理情绪、应对挫折、解决问题。情感引导教育是帮助孩子学会管理情绪和处理问题的一种重要方式。金伯莉·布雷恩(Kimberley Blaine)提出，通过正确的引导，孩子可以掌握有效的情绪表达和解决问题的技能。如果孩子没有被正确引导，他们可能会以哭闹、发脾气、逃避等方式表达情绪，而家长如果没有提供正确的情感支持，孩子可能会形成不健康的情绪模式。

情感引导教育的具体过程应该如何进行？

具体描述，而不是笼统要求

许多家长在面对孩子时，会笼统地说"你要乖一些"，但孩子往往不明白这个要求到底意味着什么。形容词性的要求并不清晰，孩子难以把握。行为学理论指出，明确的指导更有助于孩子形成清晰的行为模式。

我们可以尝试：

- "我们今天去餐厅吃饭，要轻声说话，不要乱跑。"
- "在别人说话的时候，我们要耐心听完，然后再表达自己的想法。"

这样的具体描述让孩子对"乖"的行为有了明确的认识，并有了可以遵循的具体目标。

先理解孩子的情绪，再引导

情感引导教育的核心是倾听和理解孩子的情绪。父母需要学会倾听和理解他们的内心感受。当孩子哭闹时，很多家长的第一反应是："别哭了，没什么大不了的！"但这种方式忽略了孩子的情绪需求。

我们可以尝试：

- "我看到你很生气，是因为别人拿走了你的玩具，对吗？"
- "你现在是不是觉得委屈？我们来一起想办法解决这个问题吧。"

通过准确地理解和回应孩子的情绪，父母才能帮助他们迅速从情绪激动中恢复冷静。这时，孩子会感觉到被支持和安慰，而不是被忽略或压抑。正如卡尔·罗杰斯所说，通过共情，父母可以帮助孩子在被接纳的环境中调整情绪。

在孩子做对时给予强化，帮助他们形成良好习惯

在孩子行动后，如果表现出了正确的行为，家长应当及时予以肯定，并清楚地解释他们做对了的原因。

我们可以尝试：

- 当孩子控制住情绪时，家长可以说："你刚才虽然很生气，但

还是耐心表达了自己的想法，我很欣赏你这样处理问题的方式。"

· 当孩子主动帮助他人时，可以说："你刚才帮助了同学，他一定很开心，这就是善良的体现。"

这种方式能够帮助孩子将正确的行为与积极的体验联系起来，从而形成长久的行为习惯。

教育最有效的时机，不是在孩子犯错时纠正，而是在孩子做对的时候引导

情感引导教育，不是控制孩子的情绪，而是教会他们如何与情绪相处，并用理性的方式表达自己。当我们学会关注孩子的正确行为，而不是总在错误上纠结时，我们的教育会变得更加轻松、有效。这种教育方法帮助孩子在感到被理解的氛围中成长，逐步学会管理自己的情绪和行为。通过这样的过程，孩子不仅能更清晰地表达自己，还学会在面对情绪时寻求理性的方法，成为一个更加自信、独立且具有责任感的人。

案例分享：从哭泣到应对问题

早晨，我们在准备午餐盒时，问女儿Jenny："给你的三明治放生菜可以吗？"她随口答了一句："可以。"然而，当她整理饭盒时发现了生菜，情绪突然崩溃，愤怒地说："我不要生菜！"随即跑到角落里哭泣。这种突如其来的情绪波动让我意识到，这不仅仅是关于生菜的问题，而是一个帮助她学习情绪管理和问题解决的好机会。

情绪崩溃的瞬间：共情与引导

几分钟后，我走到Jenny身边，试图建立情感连接。"如果你坐在这里哭，是解决不了问题的。要不要我们一起处理一下？"我温和地提议。她沉默着，但我耐心地继续："你看，马上就要去上学了。如果你现在想处理，我可以帮你。如果不想处理，稍后你可以自己处理。"这让她冷静下来，她擦了擦眼泪，站了起来，准备把三明治里的生菜拿出来。

我帮她解开三明治的包装，她主动把生菜挑了出来。这个简单的动作中，我看到她逐渐恢复了控制情绪的能力。

解决问题后：情绪与学习的总结

当问题解决后，我轻声问她："你现在感觉是不是好多了？"她点点头。我肯定了她的行为："你能够停止发脾气，转而解决问题，这很棒。因为，哭解决不了问题，但行动可以。"我进一步引导她反思："你今天通过这件事，有什么感悟吗？"她认真地说："哭没有用，解决问题才行。"我赞同地笑着补充："对的。遇到事情时，与其发脾气哭泣，不如想办法解决。"

借机讨论沟通的重要性

接着，我提起早晨她随口回答"可以"的事："我们问你时，听到你肯定地回答了，所以才放了生菜进去。"她有些委屈地解释："可是我没注意，我也不知道啊。"

我借机告诉她："我们之间无法直接明白对方的想法，很多时候需要通过语言交流来了解彼此。所以，听别人说话时要确保自己明白对方的意思，同时也要对自己说的话负责。像刚刚那样，你停下哭泣后，我们通过沟通了解了彼此的想法，问题很快就解决了，对吗？"

她点点头，脸上露出微笑。

总结与进步

最后，我问她："那今天我们学到了什么？"她开心地回答："哭没有用，要想办法解决问题。还有，沟通很重要，要对自己说的话负责。"我赞许地点了点头，看着她高高兴兴地去上学，心里充满了欣慰。

这样的情感引导教育，我们没有把重点放在她做得不完善的地方，而是刻意强化她做得对的方面，不仅帮助Jenny平复了情绪，更让她意识到情绪管理与沟通的重要性。此后几次，她在情绪失控时，只需我简单提醒："哭不解决问题，行动才可以。"她就能迅速调整心态，主动寻找解决办法。同时，她开始对自己说的话更加慎重，不再轻易答应做不到的事情或者自己不想要做的事情。

Part 05

呵护孩子的安全感：
构建幸福人生的基石

安全感是孩子通向幸福人生的关键基石。这不仅仅是心理学上的概念，更是贯穿孩子一生的重要品质。伊莱恩·卡尼·吉布森(Elaine Carney Gibson)曾问她的学生："你最希望让孩子心里产生的核心感受是什么？"许多学生脱口而出"快乐"，因为大家都希望自己的孩子一生幸福快乐。然而，伊莱恩·卡尼·吉布森却指出："比快乐更重要的是安全感。"

为什么呢？因为安全感是快乐的前提。只有当孩子感受到稳定、被接纳、被爱时，他们才能真正体验到持久的幸福，并具备面对挑战的勇气。缺乏安全感的孩子，即便表面看起来开心，也可能内心充满焦虑和不安，而这种不安会影响他们的人际关系、情绪稳定性和未来发展。伊莱恩·卡尼·吉布森说："快乐是一种短暂的情绪爆发，而安全感是深沉持久的，它帮助孩子理解自己在这个世界中的位置。"有安全感的孩子不仅能感受到爱，还能主动地处理自己情绪，而不被情绪裹挟。

相反，如果父母只注重满足孩子短期的快乐，却忽视了安全感的建立，很可能适得其反。例如，当孩子不听话时，有些家长为了哄孩子高兴，满足他们的任性要求，买玩具、吃糖果、放纵行为。这种外在的"快乐"是短暂的，无法让孩子感受到真正被接纳和理解，甚至会引发更多不安和情绪依赖。真正的安全感，来源于孩子感受到"无论发生什么，我的情感是被尊重的，我是被爱的"。因此，帮助孩子建立内在的安全感尤为重要。

什么是真正的安全感？

很多人误以为安全感来自外部，比如房子、车子、金钱，或者别人的认可。但这种"外部安全感"是脆弱的，因为一旦外在环境发生变化，就会让人感到不安甚至崩溃。真正的安全感源于"内在的安定"（也称为"自性圆满"），是一种深层次的自我安定，是一种摆脱恐惧与焦虑的自由。它并不依赖外界的条件，而是建立在内在的力量之上。

心理学家马斯洛（Abraham Maslow）在需求层次理论中指出，安全感是所有高层次需求的基础，它意味着个体能够坦然面对世界，不因恐惧和焦虑而被动逃避，而是勇敢地去探索、学习和成长。一个拥有内在安全感的孩子，即使遭遇失败，也不会轻易否定自己；即使面对挑战，也能够保持稳定和自信。例如，一个安全感强的孩子，可能会在考试失利后告诉自己："这次没考好，我可以努力改进。"而缺乏安全感的孩子，可能会想："我是不是很笨？我是不是让爸爸妈妈失望了？"

真正的安全感，不是外界给予的，而是孩子在被接纳、被理解的过程中自然形成的。这种内在安全感，是父母能送给孩子最宝贵的礼物。

伪安全感：控制与完美主义的陷阱

过度控制：让孩子失去独立思考的能力

有些家长认为，只有自己牢牢掌控孩子的一切，孩子才是"安全的"。他们会过度干涉孩子的生活，比如：

- 安排好孩子的学习计划，不允许孩子自由探索
- 过分关注孩子的成绩，而忽略孩子的兴趣和想法
- 只要孩子稍有差错，就立刻纠正，甚至责备

问题在于，这样的孩子缺乏真正的安全感，习惯性地依赖外部控制，失去了独立判断的能力。

例如，一个习惯于被安排的孩子，当他长大后遇到需要独立决策的情况时，可能会感到迷茫、无助，甚至害怕承担责任。因为从小他就没有学会自己面对选择，安全感始终建立在外界的安排之上。

完美主义：让孩子害怕失败，难以坦然面对自己

另一种常见的伪安全感，是家长把孩子的表现与爱和认可挂钩。他们希望孩子完美无缺，因为他们害怕孩子被别人看不起，或是害怕自己被认为是"失败的家长"。

在这种教育环境下长大的孩子，往往会形成"只有优秀才能被爱"的信念。这种信念让他们：

- 害怕犯错，凡事追求完美，却因此焦虑不安
- 不敢尝试新事物，害怕失败后被批评或否定
- 过度依赖外部认可，一旦得不到称赞，就会产生自我怀疑

例如，一个习惯于被表扬的孩子，如果有一天没有得到认可，可能会感到沮丧，甚至觉得自己"不够好"。但如果他从小知道："无论成功或失败，我依然是被接纳的。"那么他会更勇敢地面对挑战，而不会把失败等同于自我价值的否定。

不安全感的来源：家庭中的隐性伤害

孩子的安全感主要来源于家庭关系的稳定性。在养育过程中，父母若缺乏足够的教育知识，可能会无意中对孩子造成伤害，即便这些行为出于对孩子的"爱"。孩子的内在安全感被破坏，进而产生不安全感。

父母情绪的剧烈波动和语言伤害

如果父母的爱和怒交替出现，孩子会觉得家庭环境充满不可预测性。例如，当父母在爱孩子时给予极大的关注，但在情绪失控时却表现出极度的冷漠甚至指责，孩子会陷入困惑：他们无法理解自己是否真正被爱，也不清楚自己的行为是否合乎父母的期待。有情绪的时候，产生的伤害性语言也会影响孩子的安全感。"你再这样，我就不要你了！"尽管父母可能只是随口一说，但孩子会把这些话当真。他们会害怕自己被抛弃，甚至开始质疑自己的价值。这种恐惧会积累成一种潜在的不安全感，使孩子变得敏感而焦虑。

家庭冲突与不和谐的关系

父母关系的不和谐也是孩子安全感的重要威胁。如果父母在孩子面前争吵甚至冷战，孩子可能会产生一种"家庭失控"的感受。更糟的是，有些孩子会将父母的不和归咎于自己，觉得"是我的存在导致了问题"。这种自责可能会延续到成年，影响他们对自己的认知。

没有人能做到百分之百拥有安全感，这是人类的共性。但我们可以通过不断提升自我和科学的育儿方法，帮助孩子逐步培养更稳固的安全感。

如何真正给予孩子安全感?

孩子的安全感往往是父母内在状态的映射。如果父母自身缺乏安全感，容易焦虑、情绪不稳定，那么孩子也会感受到这种不安，甚至把它内化为自己的情绪模式。真正能够给孩子安全感的父母，不是永远强大无懈可击的父母，而是能够自我觉察、情绪稳定，并能以开放和包容的心态面对生活不确定性的父母。

先让自己成为一个有安全感的父母

许多父母误以为，孩子的安全感来自外在的控制：只要把孩子的一切安排得尽善尽美，确保他们不犯错、不受挫折，孩子就会拥有安全感。然而，真正的安全感来自内心的稳定，而不是对外部世界的绝对掌控。

如果父母本身缺乏安全感，他们会下意识地把自己的焦虑投射到孩子身上：

- 过度干涉：担心孩子犯错，于是事无巨细地安排他们的生活。
- 情绪失控：面对孩子的失败或不符合预期的行为，反应过激，甚至责骂或冷漠对待。
- 过分依赖外界评价：将孩子的成就视为自己的价值来源，孩子表现好时充满满足感，表现不好时则感到失落甚至愤怒。

这样的父母往往无法真正给予孩子安全感，反而让孩子在"父母的焦虑"中长大，逐渐丧失自信和独立思考的能力。

自我觉察：情绪稳定是给孩子最好的安全感

很多父母并不是有意让孩子焦虑，而是因为自身的情绪管理能力不足，无意识地把负面情绪投射给孩子。例如，我们常看到父母陪孩子写作业的"经典崩溃场景"：一个父亲陪孩子写作业，看到孩子犯了同样的错误，一开始还能耐心指导，但当孩子继续出错，他的耐心逐渐消失，开始唠叨，最后忍不住怒吼："你怎么老是错？"孩子被吓得瑟瑟发抖，甚至开始害怕写作业。

这背后的问题是什么？这位父亲的愤怒，并不是因为孩子做错题本身，而是源于他对"孩子必须优秀"的执念，而这种执念又来自他自己内心的不安。他可能害怕孩子成绩不好会影响未来，或者担心自己被认为是"失败的父母"。但问题是，父母的焦虑并不会让孩子变得更优秀，反而会让孩子把"学习"与"恐惧"联系在一起，最终形成逃避心态。

情绪管理：让安全感可持续

孩子的情绪模式往往是从父母那里学习来的。如果父母在面对问题时能保持冷静、理性地表达自己的感受，孩子就能从中学会如何稳定自己的情绪。

卡尔·罗杰斯提出"无条件积极关注"的概念，意思是：无论孩子当下的表现如何，父母都应该让他们感受到被接纳和理解，而不是只有在"做得好"时才配得到认可。这种稳定的情感支持，是孩子建立安全感的核心因素。

关于情绪管理的更多内容，我们将在第五章进一步讨论。

认知提升：帮助父母从情绪中超越自我

情绪失控的背后，往往隐藏着更深层次的认知问题。维吉尼亚·萨提亚(Virginia Satir)的冰山理论形象地描述了这个现象：当父母因为孩子的行为大发雷霆时，表面上看似愤怒，但愤怒之下，可能隐藏着更深层次的恐惧、焦虑、受伤或自卑。如果父母能深入"冰山之下"，去审视自己的情绪来源，他们就能更理智地面对孩子的成长。

一旦父母认识到这些情绪背后的真正原因，就更容易调整心态，减少对孩子的无意识伤害。

安全感，是孩子一生的力量

父母能给予孩子最珍贵的礼物，不是财富、成就或掌控，而是一种稳定的内在力量。这份安全感，让孩子无论身处何种环境，都能拥有勇气、信心和幸福感，去迎接人生的每一次挑战。

培养一个有安全感的孩子，首先要成为有安全感的父母。

家长不需要是"完美家长"，但可以是不断成长的家长。如果我们能在面对孩子时更加自信、稳定、坦然，孩子自然会从我们身上汲取力量，成为一个内心强大的人。

最终，我们要相信：孩子是一个独立的、充满自信的生命，他们本身就是完整的。

案例分享：内在的安定比结果更重要

一天，儿子放学后有些沮丧地对我说："妈妈，明天我又要丢人了。"我耐心地问他："怎么了呀？"他说："明天跑步比赛，我跑得不好，肯定又是最后一名。"边说边无奈地拍了拍自己的脑门。

听到这儿，我蹲下身看着他，微笑着说："这不叫丢人呀。每个人都有擅长和不擅长的事情。比赛的意义不是看谁是第一名，而是通过比赛锻炼我们的耐力、积极性和身体的强健。我们永远不和别人比只和自己比。只要在过程中坚持做好自己，享受比赛的当下，就是最棒的成绩。"儿子听完似懂非懂地点了点头。我接着给他讲了一个故事：在古代，有位大儒叫王阳明，他参加科举考试时落榜了。别人都以考不上为耻，嘲笑他，可他却不以为然地说：考不上而动摇自己的内心才是羞耻的。真正的强大，不是结果如何，而是内心的坚定。

第二天，比赛如期举行。我也去现场为儿子加油。尽管他跑在最后，却始终坚持跑完全程。比赛结束后，我问他："感觉怎么样？"他轻松地回答："还好，就是和我一组的都是高年级的。"

这时，旁边的朋友激动地为我们打抱不平："学校安排不合理！这太不公平了！你应该去找学校理论！"儿子听到这些话，脸上开始浮现不安的神情。我微笑着对朋友说："谢谢你的关心，但我们的关注点不在比赛名次上。比赛更重要的是锻炼孩子的积极性、耐力，以及战胜自己的勇气。如果只盯着名次，就算得了年级第一，还有学校第一、市第一、国家第一呢？这种比较永无止境，孩子只会越来越不安，压力越来越大。"

我转过身对儿子说："Jordan，还记得我们之前聊的吗？我们跑步比赛是为了锻炼自己。你今天坚持跑完全程，还享受了这个过程，这就是最好的收获。"儿子听完，开心地笑着点头。从那以后，儿子不再因为体育成绩好坏而焦虑，而是更加专注于享受每一次运动的过程。

作为父母，最重要的是引导孩子专注于自我提升，享受每一个努力的过程。这样，他们才能在成长中找到真正的安全感与内在动力，走得更加自信而从容。

第六节

树立孩子的独立性：
迈向成熟的必经之路

当我们谈论"独立"时，许多家长首先想到的是"孩子将来能不能养活自己？"是否能找到工作、照顾好生活。然而，独立性远不止于"自力更生"。它是一种更深层次的内在能力，涉及情绪管理、独立思考、自主决策以及对自己行为的负责。

- 孩子能管理好自己的情绪吗?
- 他们是否能在纷乱的信息中找到自己的立场?
- 他们能否为自己的选择承担责任，而不是依赖外界指引?

这些问题，是独立性的真正核心。

独立性，不仅仅是"自力更生"

让我们从一个真实的案例说起。

一所幼儿园以独特的方式培养孩子的独立性。毕业生不仅自信，还具备极强的独立思考能力。其中一个孩子升入小学的第一天就意外迟到了。他和另外两个来自不同幼儿园的孩子一起被老师留在教室外等候。

当老师生气地走过来时，前两个孩子显得焦虑不安，低着头等待责罚。而这个孩子却很有礼貌地对老师说："老师，对不起，我今天迟到了。但可不可以请您先处理好您的情绪，再来和我们讨论迟到的问题？"

这个孩子的反应展现了真正的独立性：面对问题时，他没有回避或恐惧，而是能够自信、坦然地沟通，并保持自己的界限。

真正独立的孩子，不是"脱离"父母，而是能在生活中自主前行，面对困难时不退缩，面对外界评价不迷失。

玛利亚·蒙台梭利(Maria Montessori)提倡"帮助孩子独立"，她曾说："独立不是让孩子孤立无援，而是帮助他们逐步学会掌控自己。"真正独立的孩子，不仅能满足自己的生活需求，还能以成熟的态度面对内外挑战。他们不依赖他人决定自己的价值，也不会因为别人的情绪或意见而迷失方向。这样的独立性是孩子未来面对生活复杂性、克服挫折的重要基石。温尼科特也提到，父母的角色在于逐渐减少对孩子的直接干预，让他们通过自己的努力探索世界，发展独立性。

那么，独立性是如何发展的？我们如何在孩子成长的不同阶段帮助他们建立真正的独立性？

人类成长重要的发展阶段

史蒂芬·柯维提到了人类成长过程中三个重要的发展阶段：依赖(Dependence)、独立(Independence)和互赖(Interdependence)。人的成长是一个渐进的旅程，从完全依赖他人，到逐渐独立承担责任，再到与他人合作共创美好。接下来，我们通过案例来进一步解读这三个成长阶段。

依赖阶段（Dependence）

依赖是成长的起点，多发生在婴幼儿时期。在这个阶段，我们完全依赖他人来满足基本需求，例如食物、衣物和安全感。依赖阶段的特性是：他人为我做。即使进入成年，许多人在某些领域仍可能保持依赖。

依赖，期待以"你"为核心，你照顾我，你为我的得失成败负责，你要一切以我为中心。

独立阶段（Independence）

独立阶段是个人成长的重要里程碑，通常发生在青春期或成年早期。人们开始学习为自己负责，并能够独立做出决定。独立的特点是：我能为自己做主。

独立，以"我"为核心，我可以做到，我可以为自己负责，相信我可以，我没问题，我不受环境影响。

互赖阶段（Interdependence）

互赖是成长的最终阶段。在这个阶段，个人不再仅仅是为了证明自己能够独立，而是认识到与他人合作的价值。互赖阶段的特性是：我们一起能做得更好。这意味着人们不仅能独立思考和行动，还能通过团队合作和互相支持，创造出更大的成就。

互赖，期待以"我们"为核心：我们可以做到，我们可以合作，我们可以互相帮助，我们可以融合彼此的智慧和力量，共创美好前程。

以上是人的发展阶段，从依赖到独立再到互赖，这是一种逐渐增强自我能力，并最终意识到团队和协作力量的过程。我们成长的过程是渐进的，会从依赖到独立，再到互赖。这个过程是我们一步一步走向成熟的过程。

培养孩子的独立性：成长的关键能力

从"自己吃饭、自己穿衣"到"自己做决定、自己面对挑战"，真正的独立，不仅仅是生活上的自理能力，更是思想、情感和行为上的自主。一个真正独立的孩子，不是被动接受指令，而是能在复杂的环境中保持清晰的思考，做出符合自己价值观的选择，并能承担相应的后果。

那么，独立性究竟体现在哪些方面？如何帮助孩子建立真正的独立性？

情绪独立：迈向独立的第一步

独立不仅仅是"自己能做事"，更是"自己能管理情绪"。一个情绪独立的孩子，能够认识到：

- 自己的情绪是自己的责任，不应把不满发泄到他人身上。
- 不能期待别人总是来安抚自己的情绪，要学会自我调节。
- 明白父母虽然爱自己，但他们也有自己的生活和情绪，并非永远围着自己转。

情绪独立的孩子更懂得体谅他人、尊重他人，而不是习惯性地要求别人为自己的情绪买单。

心理学家阿尔伯特·艾利斯(Albert Ellis)提出的"ABC情绪理论"，深刻揭示了情绪管理的重要性：

- A (Activating Event)——引发情绪的事件
- B (Belief)——我们对事件的认知和解释
- C (Consequence)——最终的情绪反应

事件本身并不会直接引发情绪，真正影响情绪的是我们的认知和信念。

例如，一个孩子在考试失利(A)后可能会有两种不同的反应：

- 如果他认为"失败=我很笨"(B)，就会感到自卑和焦虑(C)。
- 但如果他认为"这次没复习好，下次可以改进"(B)，他可能会冷静地总结经验(C)。

情绪独立的核心不是不让孩子产生负面情绪，而是帮助他们理解——我们可以控制自己的情绪，而不只是被动地被情绪控制。

心理学家维克多·弗兰克尔(Viktor E. Frankl)在纳粹集中营中依然保持内心自由，他说："无论外界环境多么糟糕，你依然可以选择自己的心态。"这句话的深意在于，一个人真正的自由，来自对自己选择的掌控。

罗斯福先生家里被盗了，大家写信安慰他。罗斯福总统的回信特别值得我们思考。他说："这件事我觉得很庆幸。第一，他们只是偷了东西，没有伤人；第二，他们只偷了一部分东西，没有偷走所有的东西；第三，我很庆幸偷东西的那个人是他而不是我。你看，谁应该难过、痛苦？应该是那个变成小偷的人，他应该更糟糕。我并没有做错事，为什么要那么伤心难过呢？"

这是一种高度的独立思维——他选择用不同的角度看待事情，而不是被情绪牵着走。这个世界的惯性是：你刺激了我，我就要有反应。但真正成熟的人，能够选择用不同的方式回应问题，而不是被环境控制。

埃莉诺·罗斯福(Eleanor Roosevelt)曾说："没有人能伤害你，除非你同意。"这句话揭示了独立性中另一个重要层面：不被外界的消极情绪和行为所左右。一个具备独立性的孩子，在面对批评或挫折时，能够不被压垮，反而能从中汲取成长的动力。

独立选择，是"我选择自己如何活"

独立不仅是"我能做到"，更是"我可以选择"。真正的独立意味着孩子有能力做决定，并为自己的选择负责。所以，真正的独立不是父母替孩子做决定，而是教会他们如何在选项之间权衡和取舍，并为自己的决定负责。生活中，许多人终其一生都难以做到这一点。岸见一郎曾回忆，小时候有一次向妈妈询问是否可以参加同学聚会，妈妈没有直接给答案，而是说："你自己决定。"这让他感受到前所未有的成长，因为他被赋予了选择的权利，也承担了相应的责任。

父母能给予孩子最好的帮助，不是替他们做决定，而是教会他们如何思考选择的后果，让他们在生活中练习决策能力。

埃里克森在其发展阶段理论中指出，自主感的建立源于儿童期的成长体验。如果孩子从小没有选择权，他们在成年后往往缺乏自信，容易依赖他人。父母赋予孩子的选择自由会让他们更有自信地面对生活。孩子需要的不是父母的控制，而是机会去练习和实践选择。因此，家长要让孩子意识到："你的生活，由你自己决定。"

独立判断，是对内在价值的探索

独立判断是一种内在力量，它让孩子不再依赖外界的评价，而是从自己的感受中找寻行动的意义。在今天的社会中，许多人往往过度关注外界对自己的看法，比如获得多少"赞"，赢得多少夸奖，逐渐忽略了内心真正的需求。

哲学家康德(Immanuel Kant)曾说："人应当追随自己内心的道德律令，而非外界的赞誉。"真正独立的人，不是盲目迎合社会标准，而是基于内在价值观，做出符合自己原则的选择。培养孩子独立判断的能力，需要从小教会他们倾听自己的声音。例如，当孩子在艺术课上创作了一幅画，如果他们主动向父母展示成果，父母可以适当问："你觉得这幅画最吸引人的地方是什么？""你在画的时候，哪一部分让你觉得最有成就感？"这样的对话让孩子将注意力转向自己的感受，而不是期待父母的夸奖。

独立性是送给孩子最好的礼物

培养孩子的独立性，并不是让他们学会"脱离父母"，而是让他们拥有：

- 情绪独立——能掌控自己的感受，不依赖他人的安抚。
- 独立选择——能在生活中做出决定，并为自己的选择负责。
- 独立判断——能用自己的标准衡量世界，而不是盲目迎合外界评价。

一个情绪独立的人，不会让他人承受自己的情绪负担。一个能做选择的人，不会因外界的变动而迷失。一个有判断力的人，不会被他人的言论所左右。

真正的独立，是孩子在世界中前行时，拥有面对一切的底气。当孩子具备这些能力，他们不仅能为自己的人生负责，也能成为社会中真正有价值的成员。

案例分享：谁让我难受？学会情绪管理，迈向独立

一天早上，小女儿Jenny起床后脸上带着一丝不快。她喜欢每天早上得到家人的拥抱，但因为起床晚了，没能如愿。我看到她坐在一旁，嘟着小嘴，显得心情低落。于是，我走过去抱了抱她，问道："心里好些了吗？"她点点头，说："好了，心里不堵了。"

我接着问她："为什么不堵了呢？"她回答："因为你抱了我。"

我又问："那如果今天早上没有抱你呢？你的心是不是会一直堵下去？"

Jenny没有立即回答，我继续追问："你觉得是爸爸妈妈让你的心堵了吗？还是因为你认为爸爸妈妈每天早上必须抱你，而这种期待没有被满足，所以你自己让自己的心堵了？"

Jenny思考了一会儿，说："是我自己让自己堵了。"

我温柔地回应她："对呀，是我们自己的想法导致了心里的堵塞。如果我们总觉得'必须这样才行'，一旦事情没有按照期待发生，心里就会不舒服，对吗？"她点了点头。

我接着引导她："如果我们换一个想法呢？比如说，'今天早上起来晚了没关系，明天可以早点起来再抱抱'，这样是不是感觉好很多？"Jenny认真地想了想，说："是的，这样会好很多。"

于是我告诉她："其实，没有人可以让我们的心里堵塞，真正让我们难受的，是我们看待事情的角度和对事情的期待。如果我们学会调整这些想法，就不会被坏情绪控制住。Jenny已经是一个大孩子了，可以开始练习管理自己的情绪，这是长大的标志哦！如果有时候觉得事情想不明白，咱们可以一起讨论分析，这样会让我们越来越有能力面对问题。"

我还补充道："爸爸妈妈也是通过这样的方式，一点点学会管理情绪的。正因为如此，我们的家才能变得温馨有爱。今后，如果你遇到心里堵的

时候，或者有事情想不明白，可以随时来找爸爸妈妈帮忙，我们会一起帮你理清思路。"

从那以后，每当孩子遇到情绪困扰时，我都会问："是不是心里堵了？要不要一起分析一下？"他们会很快和我分享自己的烦恼。通过我们共同的分析，他们的情绪可以迅速平复下来。渐渐地，这样的训练让孩子们学会了更好地管理自己的情绪，性格也变得更加平和。

这些正是情绪独立和成熟的体现。独立，不仅仅是能力上的独立，更是一种情绪上的成熟，它让孩子能够以更积极的态度面对生活中的每一件事。

第七节

培养孩子的社会能力：
幸福生活的基础

孩子的社会能力决定了他们在人际交往中是否自信、能否有效沟通、能否在矛盾中找到合理的解决方案。这不仅影响他们的学习和未来的职场发展，更是幸福生活的基石。

阿德勒曾指出："人类最重要的教育是学习合作。"社会能力的核心，在于人与人之间的合作，而非单打独斗。一个社会能力强的孩子，能在人际交往中理解他人、调整自己的情绪，并找到建设性的解决方式。相反，缺乏社会能力的孩子，在遇到冲突时往往表现出回避、对抗或无助。

那么，如何培养孩子的社会能力？我们先来看一些常见误区。

社会能力培养的误区

很多家长在面对孩子的社会问题时，常常采用一些看似"解决问题"的方式，实际上却适得其反：

忽视问题：认为孩子的冲突会"自然解决"

一些家长认为，孩子之间的小矛盾无需干预，时间久了就会自行化解。然而，如果孩子缺乏处理冲突的经验，他们可能变得更加焦虑，甚至在未来社交中回避问题。孩子需要在矛盾中学会沟通，而不是简单地被动等待问题消失。

强行干预：用权威让孩子妥协

"你是哥哥/姐姐，就让着弟弟妹妹！"这类命令式教育，虽然能短时间平息争端，但可能让孩子觉得不公平，甚至误解社交规则：是不是年龄大的就必须让步？这种方式并没有教会孩子如何真正沟通，而是让他们被动服从，甚至激发反抗心理。

物质补偿：用"买东西"的方式解决矛盾

"别哭了，妈妈再给你买一个。"许多家长用物质手段平息冲突，但这样做实际上剥夺了孩子学会协商与妥协的机会。长期如此，孩子可能误以为"只要争吵，就能得到更多"，反而形成错误的社交习惯。

这些方法的共同问题在于：它们都没有让孩子真正参与到问题的解决中。社会能力不是天生的，而是通过不断练习、试错和调整逐步形成的。那么，家长应该如何正确引导呢？

培养孩子的社会能力，从理解情感开始

帮助孩子理解情绪

孩子学会辨别自己和他人的情感，是发展社会能力的重要一步。

为什么孩子容易发生社交冲突？

日本心理学家曾进行一项实验，让孩子们识别一系列人物表情（如愤怒、悲伤、喜悦等）。研究发现，在家庭中情感被忽视的孩子，往往无法准确判断他人的情绪。他们可能会把愤怒的表情误认为"很正常"，或把悲伤的表情误解为"在笑"。这些孩子在学校里更容易与同学发生冲突。

孩子的情感理解能力从何而来？

一个孩子如果在成长过程中自身的情感长期被忽视，他也更容易忽略他人的感受。例如，一个孩子在受委屈时向父母哭诉，但父母回应："有什么好哭的？"孩子越哭，父母越生气，久而久之，孩子学会在父母面前不再表达情绪。但他真正学到的是什么？他学会了忽略他人的情感，长大后可能缺乏共情能力。

我们要帮助孩子识别这些情感，这样孩子才能学会人是有情感的。情感的识别和理解并不是天生的，而是通过社会交往和与父母的互动培养出来的。好的做法是与孩子讨论情感，不仅帮助孩子表达情绪，还让他们意识到情绪是可以被理解和接纳的。

给予孩子倾听与理解，而非评判

倾听和理解孩子的感受与想法，是帮助他们发展社会能力的重要环节。例如，当孩子说"我不想分享玩具"时，家长可以试着询问："为什么呢？是什么让你这么觉得？"而不是直接否定说"这样不对"或命令式地说"你应该学会分享"。

为什么减少评判很重要？试想一下，当孩子表达了自己的情绪或观点，却遭到家长直接否定或反驳，孩子的内心会产生怎样的抗拒？评判不仅无法建立信任，反而可能导致沟通破裂。一个不带评判的谈话是高难度的，但这是培养孩子解决问题能力的关键。

让孩子自己解决问题

父母总是替孩子解决问题，不仅无助于孩子成长，反而会让他们陷入对父母的依赖，缺乏应对现实的能力。当一个人没有内在的解决问题的动力时，就算是一个正确的方法，也会遇到困难。让孩子自己面对挑战、寻找解决方案，才能真正培养他们的责任感和独立性。

女儿的一个朋友非常独立，情绪稳定，处事冷静。她从十岁开始，每年自己坐12个小时的飞机往返新西兰和中国。我问她："你习惯一个人坐飞机吗？"她说："习惯，是我主动提出自己坐飞机的。"我接着问她："那遇到问题你要怎么处理呀？"她说："我可以处理的话就自己处理，如果自己处理不了，可以找工作人员帮忙呀。"这个孩子言语间透露着自信和独立。

这孩子自立能力为什么这么强？女孩的父母在平时的教育中，会把解决问题的任务交给她，帮助她积累经验和信心。当孩子意识到自己的能力时，会更乐于承担责任，面对未来的挑战也更从容。

关注过程，而非结果

教育的真正意义不在于每件事都做到完美，而在于让孩子从解决问题的过程中获得成长。

家长往往害怕孩子失败，总是试图确保事情的结果万无一失。一不小心就越俎代庖陷入了解决事情的层面，忘记了这件事情除了被解决以外更大的价值。一个孩子处理事情结果不尽如人意这并不可怕。家长的职责是引导孩子反思："这次尝试中，哪些地方可以改进？"帮助他们在过程中积累经验和成长，这才是事情发生的真正意义和价值所在，而不是单纯地追求一个完美的答案或者结果。

让孩子成为自己人生的主角

培养孩子的社交能力，本质上是让孩子自己面对世界，而不是靠家长解决一切。孩子自己在游戏中与朋友合作、解决冲突，他们会收获的，不只是问题的解决方案，更是内在的成长和价值感。

真正的教育，不是控制，而是获得自由。让孩子拥有探索世界的勇气，让他们的生命力自然绽放。

案例分享：在一次庭院清理中培养社会能力

培养孩子的社会能力，不仅体现在他们与他人互动的技巧上，更体现在他们如何通过合作和沟通解决问题的过程中。以下是一件发生在我家孩子身上的小事。

一天，我家儿子和女儿邀请了几个邻居小朋友到家里玩水球游戏。他们玩得非常尽兴，笑声回荡在庭院。然而，当游戏结束后，庭院里却留下了满地破碎的水球残片。看到这些五颜六色的垃圾散落在各个角落，我没有急着批评孩子们，而是坐下来和他们商量："我们来讨论一件事情吧。我觉得你们邀请朋友到家里来玩是件很棒的事，这说明你们既热情又会和朋友相处。作为这个家的主人，你们很有权利邀请朋友来，也懂得事先征求爸爸妈妈的同意，非常尊重我们。玩完以后，留下了这么多垃圾，咱们需要想办法把它们处理好，让环境保持整洁。你们觉得怎么样？"

儿子听完，想了想说："那下次我请朋友过来的时候，就让大家玩完之后一起把垃圾收拾了。"

我点头表示支持，并进一步引导他："这是个好主意！那你打算具体怎么做呢？"

他认真思考了一下，说："明天我再邀请他们过来，玩之前就先告诉他们，开心玩之后要一起把地上的气球垃圾捡起来。"

"很棒的计划！不过，"我继续问道，"如果有的小朋友不愿意干活怎么办呢？"

这时，一旁的女儿插话道："那我来监督他们！我会检查每个角落，确保没有遗漏。"

儿子也灵机一动，补充道："对，我们可以分区域清理！五个人每人负责一个区域，最后我再检查一次，看哪里还有垃圾没有收拾。"

"听起来很棒的合作方案！"我鼓励道，"你们可以和朋友们一起讨论细节，把这件事变成一个大家都乐意参与的小团队任务。"

第二天，孩子们再次邀请朋友们来家里玩水球游戏。在游戏开始前，他们主动和朋友们商量清理庭院的计划。大家经过讨论和分工，达成一致。游戏结束后，每个人都负责一个区域，之后还检查了每个角落。最终，庭院被打扫得干干净净，孩子们不仅玩得开心，还体验到了一次充满责任感和团队精神的合作过程。

这次经历让我意识到，培养孩子的社会能力不是通过说教，而是在真实的情境中引导他们学会解决问题。通过这次庭院清理，孩子们不仅理解了"玩后善后"的重要性，还学会了如何用沟通和分工来达成目标。

小结

在本章中，我们从多个角度探讨了家庭教育的核心理念，并提供了一些可供参考的方法。然而，比方法更关键的是明确方向。正如第一章所提到的："方向不对，努力白费。"一旦方向正确，具体的方法可以因人而异，灵活调整，正所谓"智慧生万法"。

希望通过这一章的讨论，家长们能深刻意识到，家庭教育的根本不是改变孩子，而是提升自己，为孩子创造一个更优质的成长环境。很多时候，家长过度关注孩子的问题，试图通过各种手段让孩子变得更优秀，却忽略了自身的成长。就像一块大石头压在植物上，阻碍了它的生长。要让植物苗壮成长，最有效的方式不是直接去干预它，而是挪开那块大石头。同理，当家长调整自身状态，提供适合的成长环境，孩子才能自然而然地发展出内在的力量。

在家庭教育中，家长通常会走向两条截然不同的道路：

- 第一种方式：家长将全部精力放在孩子身上，焦虑孩子的表现，试图用外部干预来塑造孩子的未来。在这个过程中，家长承受巨大压力，家庭氛围也可能变得紧张压抑。孩子在这样的环境下成长，可能表面上被"塑造"得很好，但内心充满焦虑、缺乏自主动力，甚至在未来的挑战中失去方向感。

- 第二种方式：家长将重心放在自身成长上，提升认知、改善情绪管理、优化家庭氛围。他们关注如何成为更好的父母，而不是如何"雕刻"孩子。当家长变得更成熟、稳定，孩子在这样的环境中自然会感受到支持和安全感，内驱力被激发，成长变得自然而然。

这两种方式，您会选择哪一种？

第四章

困惑，重新面对

3.7 社会能力

3.6 独立性

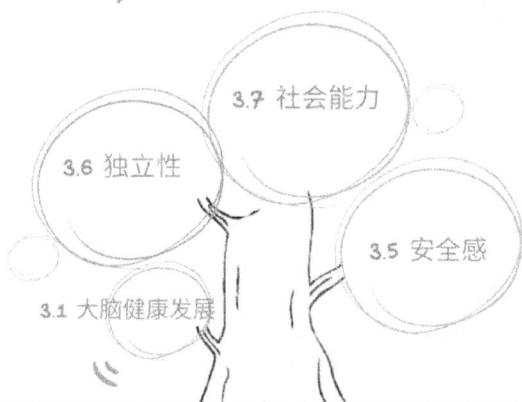

4.1 面对孩子的焦虑
4.2 面对孩子的叛逆
4.3 面对孩子的内向
4.4 面对青春期的孩子

3.5 安全感

3.1 大脑健康发展

3.1 提供大脑健康发展的环境

3.2 做成熟的父母

践行爱的四种美，避免爱的四种病

爱的四种美：
尊重、欣赏、祝福、成长

3.3 学会放手管教

3.4 把握最好的教育时机

爱的四种病：
依赖、依靠、控制、占有

在养育孩子的过程中，家长往往会遇到各种困惑。但在深入探讨这些问题之前，有一个关键点需要家长们谨记——不要轻易给孩子下定义，更不要随意贴标签。

很多时候，问题并不在孩子身上，而是源于父母对孩子的刻板印象和固定看法。如果父母不断以某种标签看待孩子，孩子可能会潜移默化地接受这种"定义"，甚至按照这些期待去塑造自己，从而发展出这些"问题"。父母对孩子的态度，就像一面镜子，反映出他们对孩子的认知，而这种认知将深刻地影响孩子的一生。

孩子不是问题，定义才是问题

曾有人向一位智者提问："什么是好孩子？我该如何让我的孩子成为好孩子？"智者微笑着回答："每个孩子都是好孩子，没有例外。不要评判他们。我们的任务不是将坏孩子变成好孩子，而是帮助他们成为更好的自己，好上加好。"

在智慧的眼中，没有所谓的"坏孩子"。孩子的行为只是他们成长过程中的一个阶段，而不是最终的定论。家长的责任不是纠正问题，而是引导孩子发现更好的自己。

心理学大师李中莹先生曾在一次讲座中，回答了一位父亲的困惑。这位父亲焦急地问道："我的孩子被诊断为多动症，我尝试过心理干预、催眠和各种训练，刚开始有效，但后来孩子开始抗拒。有没有更好的方法能帮助他安静下来？"李老师听后，平静地回答："你认为孩子有问题，这才是问题的根源。正因为你认定了他有问题，你才会不停地想办法'修正'他。"父亲不解地说："可是医生的确诊断他患有多动症。"李老师笑了笑："医生的诊断是他的专业职责，但这并不是你的责任。"

他接着分享了一个故事："我的导师是一位国际知名的学者，成就卓著。然而在他小时候，班主任曾让他的母亲到学校，并当着他的面对母亲说：'你的孩子有问题。'母亲毫不犹豫地回敬：'我的孩子没有问题，是你的教学方式有问题。'正是母亲坚定的信念，让这位大师一生都没有怀疑过自己。当他成为父亲后，面对自己的孩子，他依然选择坚定地站在孩子这边。这种信念，不仅塑造了他的孩子，也成就了他们整个家庭的力量。"

然后，李老师看着那位父亲，意味深长地说道："如果你相信孩子有问题，他会拼尽全力证明你的想法是正确的。孩子会用行为回应父母的期待——即便这种期待是负面的。他们这么做，并非因为他们想要'变坏'，而是想证明：'我的父母是对的。'"

信念，创造孩子的未来

在心理学研究中，自闭症被认为是全球范围内最难改善的心理障碍之一。数十年来，世界各地的顶尖专家都在努力寻找有效的干预方法。然而，真正取得显著改善的案例却极为罕见。但令人惊讶的是，研究者发现成功案例的共同点，并不在于某种特定的治疗方式，而是在于这些孩子的父母始终坚定地相信"我的孩子没有问题"。他们从不把孩子当作"特殊"或"需要被修复"的个体，而是坚定地接纳孩子的独特性，并给予他们无条件的爱和信任。正是这种信念，让孩子得以在被接纳和祝福的环境中，找到属于自己的成长路径。

在养育孩子的过程中，我们常常被社会的标准所影响，习惯用各种评价体系来衡量孩子的"好坏"。但事实上，每个孩子都有独特的天赋和成长轨迹，他们需要的不是被定义，而是被理解；不是被标签化，而是被鼓励去探索和成长。

爱和信任，胜过任何标签。如果我们始终用信任和爱去支持孩子，他们就能在这样的环境中建立自信，找到自己的节奏，并最终成长为最好的自己。或许，我们无法立即解决所有的育儿难题，但我们可以改变自己的视角。当我们用爱去祝福孩子，而不是用标签去束缚他们，他们的成长就会充满无限可能。

在接下来的章节中，我们将探讨一些常见的育儿困惑，提供不同的视角和思考方式，希望能为家长们带来一些启发。但请始终记住：不要急于定义孩子，他们值得拥有一个没有标签的未来。

第一节

面对孩子的焦虑

在快节奏、高竞争的现代社会，焦虑已不再是成年人的专属情绪，它正越来越早地影响儿童的成长。据美国焦虑症与抑郁症协会(Anxiety and Depression Association of America, 2016)研究，每8个孩子中就有1个可能患有焦虑障碍。甚至四五岁的幼儿，也可能表现出身心疲惫、意志消沉的状态，仿佛总是心事重重。原本应当阳光开朗、无忧无虑的年纪，却被焦虑的阴影笼罩。

焦虑并不是孩子的"问题"，而是大脑的过度防御

焦虑并非单一的情绪，而是一种复杂的心理反应，可能影响孩子的学习、社交和日常生活。儿童焦虑问题专家布丽吉特·沃克(Bridget Walker)指出，焦虑是一种"过度活跃的防御机制"，它让孩子试图避开潜在的危险，但如果这种机制失衡，孩子就会陷入"无休止的恐惧循环"。一方面，孩子在思想上不断假设最坏的结果；另一方面，他们会通过逃避行为来暂时缓解焦虑。但这种逃避只会让他们更加依赖回避策略，从而陷入更深的焦虑中。

因此，家长的目标不是让孩子"不要焦虑"，而是帮助他们理解并管理自己的焦虑。

焦虑的早期信号

焦虑并不总是以哭闹或惊恐的方式表现出来，它可能隐藏在孩子的日常行为中。以下是一些可能的信号：

- 对未知的担忧——孩子反复问"如果……怎么办？"，即便家长解释，他们仍然无法释怀。
- 回避特定情境——孩子不愿去学校、拒绝参加集体活动，甚至对电影院、操场、餐馆等陌生环境产生抗拒。
- 身体紧张反应包括频繁头痛、胃痛、呼吸急促、手脚发抖，甚至夜间突然惊醒。
- 过度谨慎小心——孩子反复检查作业是否有错误，对小事极度在意，害怕出错或被批评。
- 回避社交——害怕在人群中讲话，不敢举手发言，或在社交场合显得异常紧张。

在成长过程中，偶尔的焦虑其实是正常的。正如骑自行车时总会有左右晃动，焦虑的出现也是学习平衡的重要部分。然而，当焦虑对孩子的生活、学业和人际交往造成持续性干扰时，家长就需要关注了。

帮助孩子走出焦虑

焦虑的根源并不在于外部事件，而在于孩子对事件的解读和反应。例如，看到一只狗，有的孩子会联想到"它会咬我"；而另一些孩子则认为"它看起来很可爱"。焦虑的孩子通常倾向于灾难化地解读外界刺激，因此重点是帮助孩子改变这种错误认知模式，让焦虑成为一种可以被识别、被理解、被管理的心理模式。

先共情，而不是讲道理

许多家长在面对孩子的焦虑时，第一反应是"告诉他们不必担心": "这有什么好怕的？" "你多想了，没那么严重。" "你不要紧张，不用怕！" 但问题是，焦虑的孩子不是因为"道理不清楚"而害怕，而是大脑的反应让他们无法摆脱恐惧。如果家长直接用逻辑劝说，孩子只会觉得"你根本不理解我"，甚至可能对父母的安慰产生抵触情绪。

更好的方式是共情孩子的感受，让他们知道自己的情绪被理解。比如："你是不是担心待会儿老师会批评你？" "我看你现在很紧张，我们一起想办法，你希望我怎么帮你？" "可以和我说说你最担心的是什么吗？"

共情并不意味着纵容，而是让孩子在焦虑时感到安全，愿意表达自己的感受。

帮助孩子识别焦虑的"错误信号"

焦虑往往来源于孩子对现实的"灾难化解读"。家长可以引导孩子认识到，许多焦虑并非现实，而是他们大脑"放大"了某些可能性。通过调整孩子的认知方式，他们可以学会更理性地看待事情，减少不必要的焦虑。例如：

* 误解："我考不好，老师一定会讨厌我。"
* 调整认知："考试成绩不会决定老师对你的态度，老师更看重的是你是否努力。"
* 误解："那条狗一定会咬我！"
* 调整认知："这只狗看起来很温顺，我们可以先观察它的反应。"

循序渐进地帮助孩子面对恐惧

有些家长会为了让孩子少受伤害，选择让他们回避所有可能引发焦虑的场景。比如：孩子怕狗，家长就尽量避开所有狗。这些做法短期内能让孩子感到"安全"，但长期来看，会让他们更加害怕这些情境，因为他们始终没有机会证明自己"其实可以"。更好的做法是，让孩子在可控的范围内慢慢适应焦虑的情境。例如：害怕狗的孩子，可以先在远处观察一只狗，逐步接近，再尝试在大人的陪伴下轻轻摸一摸狗。这种"小步挑战"可以帮助孩子建立自信，让他们意识到"其实没有那么可怕。"

另外，家长可能希望孩子尽快克服焦虑，采取过于直接的方法，比如强迫孩子面对害怕的事物。这种做法容易适得其反，让孩子感到更大的压力。家长要用耐心和爱心一步步引导，而不是强迫孩子直接面对恐惧。

营造安全感，让孩子敢于表达

家庭环境的整体氛围对孩子的情绪健康同样至关重要。一个充满安全感和信任的家庭，可以帮助孩子更自然地表达自己的情绪，减少焦虑情绪的产生。家长需要用开放和接纳的态度，让孩子知道他们可以毫无顾虑地谈论自己的恐惧和担忧，而不用担心被指责或忽视。家长的情绪稳定是家庭环境的基石。

通过这些方法，家长不仅能为孩子提供情感上的支持，也能在日常生活中帮助他们逐步建立信心和抗压能力。每一个孩子都需要家长的陪伴和理解，这不仅有助于缓解焦虑，也为他们健康快乐的成长奠定了基础。

当焦虑严重影响生活时，考虑专业帮助

尽管家庭中的努力可以帮助孩子缓解许多焦虑情绪，但对于焦虑较为严重或已经影响到日常生活的情况，建议家长考虑寻求专业帮助。经验丰富的心理治疗师能够通过专业的方式帮助孩子识别诱因、调整认知，并逐步改善焦虑状况。

案例分享： 家长的调整帮助孩子缓解焦虑

那是一个平静的夜晚，邻居家突然发生了严重火灾，大火整整烧了四个小时。消防员为了安全起见，请我们一家连夜撤离。我叫醒了刚刚入睡的两个孩子，他们目睹了火灾的全过程。尽管我们一家安然无恙，但火灾带来的冲击对孩子们的心理造成了深远影响。

第二天，儿子明显受到了惊吓，他坐在沙发上一动不动，不自觉地开始痛哭。他说他很害怕，担心自己的玩具被烧毁了。我起初以为这是正常的情绪反应，但连续五天，他依然情绪低落，对什么事情都提不起兴趣。我开始担忧，甚至怀疑他是否患上了抑郁症，需要专业心理帮助。

就在我感到无助时，我联系了一位非常值得信任的朋友。他给出了这样一个建议："与其担心孩子，不如多一些祝福和信任。相信孩子有能力调整自己。更重要的是，你需要看看自己是否在焦虑，是否相信孩子，是否看到自己有地方需要调整和成长。"

这句话让我如梦初醒。我意识到，自己的内心已经被不安和焦虑填满，我害怕他无法恢复正常，甚至把自己的恐惧投射到了孩子身上。事实上，我的担忧无形中加重了孩子的压力，而不是帮助他走出阴影。

我开始重新审视自己的态度，放下内心的不安，将对孩子的担忧转化为信任和祝福。这次自我调整让我感到前所未有的平静。

第二天，奇迹发生了。儿子恢复了健康活泼的模样，重新展现出对生活的热情。

这个经历让我明白，孩子在经历焦虑和创伤时，家长的情绪和态度起着至关重要的作用。当家长充满信任和祝福时，孩子会感受到一种安全感，从而激发他们自身的调节能力。相反，家长的过度担忧和焦虑可能会无意间强化孩子的消极情绪。

第二节

面对孩子的叛逆

在许多家庭中，叛逆期常被视为孩子的"问题"，甚至是不可避免的"成长阶段"。家长们常抱怨："这个孩子真难管，怎么就这么叛逆！"但心理学研究表明，叛逆并非孩子的"错误"，而是他们试图表达自我、寻找独立性的一种方式。

埃里克森指出，青少年期是身份认同的关键阶段，孩子通过叛逆来探索自我界限和权威的关系。因此，叛逆是孩子成长的重要组成部分，而非完全的行为问题。家长如果将叛逆简单归因于"孩子不听话"，可能会错过与孩子沟通和理解的机会。

等待叛逆期"自动过去"并非解决之道

一些家长选择对孩子的叛逆行为"睁一只眼闭一只眼"，认为熬过去就好了。然而，家庭教育专家杰弗里·伯恩斯坦(Jeffrey Bernstein)提醒我们："叛逆期不会自动消散，而是需要家长主动介入、正确引导的过程。"如果家长选择忽视孩子的叛逆情绪，孩子可能会变本加厉，用更激烈的方式表达自我，甚至导致长期的亲子关系破裂。研究表明，未被正确引导的叛逆可能发展为长期焦虑、抑郁，甚至影响孩子的社交和学习。因此，与其等待叛逆期"过去"，不如把它当成与孩子建立深厚连接的机会。

叛逆的本质：孩子在寻找情绪出口

叛逆期的孩子可能表现为以下特征：

· 情绪波动大，容易发脾气；

· 对规则提出疑问，甚至违反规则；

· 逃避或拒绝完成作业、家务，抗拒父母和老师的安排；

· 频繁与家人、朋友发生冲突，感觉自己"总是被针对"；

· 过度追求独立，不愿接受父母的建议。

然而，这些行为背后往往隐藏着更深层次的心理需求。

尼尔森指出：叛逆的本质是孩子情绪和思想的混乱。他们可能充满愤怒、不安、挫败感，但缺乏成熟的表达方式，只能通过"反抗"来宣泄。但并不是所有叛逆的孩子都知道自己在做什么。他们的内心像有一只困兽，想要挣脱，却不知如何表达。这时候，家长的角色至关重要。叛逆的孩子并不需要更多的规则，他们需要更多的理解与支持。父母如果能在情绪上接纳孩子的感受，并给予适当的引导，叛逆行为就有可能转变为成长的契机。

伯恩斯坦经过多年的研究和实践，认为作为家长和社会应该去理解这些孩子，帮助孩子们走出困境。当父母亲的方向和方法得当，会发现孩子的状况会逐渐地出现好转。

家长该如何应对孩子的叛逆？

下面我们一起探讨一下，面对孩子的叛逆期，家长可以做些什么？

用积极互动取代消极冲突

萨提亚指出："孩子的行为模式，源自父母的行为模式。"家长需要多一些正面积极的行为，让孩子感到父母的接纳和支持。

如果父母的沟通充满批评、嘲讽和责备，孩子很可能以反抗来回应。这些负面互动不仅无法解决问题，还可能进一步加剧矛盾。萨提亚认为，父母常见的"伤害性沟通"包括吼叫、羞辱、威胁、挖苦等。尤其是大喊大叫，它看似能让孩子短时间内服从，实则会让孩子感到孤独和不被爱。频繁受到吼叫的孩子，更容易发展出攻击性行为或社交退缩的特质。

学会倾听，而不是急于纠正

叛逆行为背后隐藏着孩子未被满足的情感需求。卡尔·罗杰斯提出，"积极倾听和共情"是理解他人情绪的关键。家长通过倾听和共情，可以帮助孩子感受到被理解，从而缓解冲突。倾听是家长与叛逆期孩子建立联系的重要桥梁。在倾听时，可以回应孩子的感受，例如：孩子说："我今天特别不开心。"父母可以回答："听起来，你今天过得很糟糕。"通过这些简单的语言，父母可以让孩子感到自己的感受被接纳，而不是被评判。

同时，在倾听的过程中，不要忽视孩子的感受。用"这没什么大不了的"来回应孩子的情绪，可能会让他们感到被轻视。需要避免提供未经请求的建议，否则只会让孩子感到被控制。也不要频繁将自己的童年经历与孩子的问题相比，这样容易让孩子觉得父母不够理解他们的独特处境。

避免权力争夺

叛逆期的孩子渴望独立，而家长常常因为控制欲强烈，与孩子发生"权力争夺战"。阿德勒指出："每个孩子都渴望在家庭中找到自己的位置和影响力。"

一个典型案例是"香蕉皮事件"：孩子吃完香蕉后随手把香蕉皮扔在地上，父母要求孩子捡起香蕉皮，而孩子拒绝。这时父母很生气，告诉孩子："你不收拾香蕉皮，这个星期都别想看手机了。"父母试图剥夺孩子的娱乐活动，用权力压制孩子的行为。这样的做法不仅无法改变孩子的态度，反而会让孩子的叛逆情绪升级。

如果我们换一种方法去沟通，让孩子感受到被尊重。家长需要克服"我必须赢"的观念，将重点放在引导而非争论对错。

建立良好的家庭氛围，让孩子感受到尊重和爱

约翰·戈特曼指出："家庭氛围的和谐程度直接影响孩子的心理状态。"如果父母之间关系紧张，孩子往往会感到不安，从而通过叛逆行为来表达情绪。教育心理学家詹姆斯·多布森（James Dobson）曾说："孩子是父母生活的镜子。"家长如何面对压力、管理情绪和处理冲突，都会潜移默化地影响孩子。

而建立这一切的基础是家长要有独立的人格和稳定的情绪状态，才不会被孩子小小的叛逆行为激怒。孩子大的叛逆都是从小的叛逆开始的，当小小的叛逆行为就开始激怒家长，开始大喊大叫，开始摔东西，开始关禁闭，开始骂他、打他的时候，他才会变得越来越叛逆。这就是种瓜得瓜，种豆得豆。

请记住，孩子是父母的复印件。

第三节

面对孩子的内向

一天，一位母亲焦急地对我说："我的孩子很内向，在学校总是一个人呆着，不爱说话。老师说他不合群，我真的不知道怎么办。"这样的担忧很常见，许多家长认为内向是一种需要"修正"的缺点。但事实上，这种看法是对性格特质的误解。

心理学博士马蒂·奥尔森·兰妮(Marti Olsen Laney)指出，内向和外向并非优劣之分，而是性格光谱上的两种自然状态。没有人是完全内向或完全外向的，大多数人都介于两者之间。内向者并不缺乏活力，而是能量来源不同——外向者从社交互动中汲取能量，而内向者则需要独处来恢复精力。因此，家长的目标不是改变孩子的性格，而是理解并帮助他们发挥天赋优势。

如何判断孩子的性格偏向？

判断孩子的性格偏向，可以观察他们如何恢复精力：

- **外向的孩子**：在人多的环境中越玩越兴奋，喜欢结交新朋友。

- **内向的孩子**：在嘈杂的环境中待久了会感到疲惫，喜欢安静独处来"充电"。

举个例子，在一个家庭聚会上，外向的孩子可能整场活跃地与亲友互动，而内向的孩子可能更喜欢安静地待在角落，或者早早表示想回家。这并不是缺点，而是人类个性多样性的体现。

这种差异源于大脑的生理机制。研究发现：

- 外向者的大脑更多依赖交感神经系统，通过多巴胺系统激发社交和行动能力，因此他们更擅长快速表达和社交互动。

- 内向者的大脑副交感神经系统更为活跃。哈佛大学心理学家杰罗姆·卡根(Jerome Kagan)提到，内向孩子的大脑面对外界刺激更为敏感，这让他们具备细腻的观察力、深刻的思考力和持久的专注力。

这些特质让内向者在现实生活中具有许多优势。兰妮博士自己就是一个非常内向的人，经过研究发现内向者有这样的优势：拥有丰富细腻的内心生活，懂得停下来品味生活，会从一朵花中看出世界。他们热爱学习，更擅长深入思考，具有创造性思维，在艺术创作方面表现突出，情商高，精通谈话，乐于自处，谦虚，珍惜长期的友谊。苏珊·凯恩(Susan Cain)是《安静：内向性格的力量》的作者，指出许多成功人士如比尔·盖茨、沃伦·巴菲特和埃隆·马斯克都是典型的内向者。内向者在需要专注和细致思考的领域展现了无与伦比的优势。美国的一项调查研究发现，在成功人士中，性格内向者所占比例达到了七成。

家长如何正确陪伴内向的孩子？

接纳内向的天性

首先，家长需要让孩子知道，内向不是缺陷，而是天赋。如果家长用外向的标准评价内向的孩子，认为他们"不合群"或"不够活跃"，孩子可能会产生内疚感甚至自卑感。

家长可以通过积极的语言鼓励孩子。例如，当孩子在家庭聚会上选择独处时，可以对他说："我很喜欢你专注阅读的样子，每个人都有自己喜欢的方式，这样很好。"

给予孩子自主权，培养责任感

内向的孩子往往喜欢深度思考，与他们探讨家庭事务会增强他们的归属感和自信心。心理学家托马斯·利卡纳(Thomas Lickona)建议，邀请孩子参与家庭决策，例如讨论假期计划或家庭活动安排，让他们感受到自己是家庭的一部分。同时，分配适量的家务，例如帮忙整理房间或准备餐具，让孩子通过行动看到自己的价值。这不仅能够增强他们的责任感，也能帮助他们在独处和社交之间找到平衡。

温和的教育方式

内向的孩子对外界情绪高度敏感。卡根博士指出，内向孩子更容易感知他人的情绪，因此过度严厉可能会让他们变得孤僻，甚至过度顺从，从而失去自己的判断力。家长应以温和、包容的态度与孩子相处，避免强迫他们改变或过度纠正他们的行为。同时，避免频繁讲道理或辩论。内向的孩子本就倾向于过度思考，过多的道理可能加重他们的焦虑。倾听孩子的感受，用共情的方式回应他们。

如何激发内向孩子的潜力？

帮助孩子找到自己的节奏

内向的孩子需要更多时间适应变化，他们更倾向于有条理的生活节奏。让孩子在熟悉的节奏中建立安全感，减少焦虑。帮助他们学会规划自己的人生节奏，避免被外界的"快节奏"裹挟。

营造宽松的成长环境

内向的孩子需要一个包容、稳定的环境来成长，而不是不断被要求"变得更外向"。让孩子知道，他们的性格是被认可的，无需"改变自己"来取悦别人。凯恩提醒家长，不要用外向的标准衡量孩子，不要让孩子背负"成为别人家孩子"的压力。接纳他们的沉默和独处，给他们足够的自由和空间，让他们以自己的方式发展特长。

重视高质量的友谊

内向孩子的社交模式与外向孩子不同，他们更倾向于建立少而深的友谊，而不是广泛结交朋友。他们可能不会迅速交到很多朋友，但一旦建立友谊，往往能够长久维系。不要强迫孩子"多交朋友"，而是帮助他们找到适合自己的社交圈。

鼓励创造力和专注力

内向的孩子往往在创造性活动和需要深度专注的领域表现出色。家长可以通过发现并鼓励他们的兴趣点，帮助他们深入探索。让孩子发现并珍惜自己的天赋，而不是一直想着"我是不是不够外向"。同时，为他们提供一个安静的专注环境，让他们在自己擅长的领域里建立成就感，成为更好的自己。

正如卡根博士所说："内向的孩子并不是不适应世界，他们只是用不同的方式与世界互动。"对于内向的孩子来说，最需要的是家长的理解、接纳和支持。通过信任、陪伴和鼓励，家长可以帮助孩子将内向性格转化为他们的优势，让他们在人生的舞台上"不鸣则已，一鸣惊人"。

第四节

面对青春期的孩子

青春期对每个家庭而言都是一段充满挑战的旅程。许多家长不禁发出感慨："我的孩子进入青春期后，突然变得敏感又情绪化，我完全不知道该如何应对。"的确，青春期是人生发展过程中迷茫、危险却也充满机遇的阶段。生理的快速变化、心理的剧烈波动以及来自学业、社交的多重压力，令这个时期的问题显得尤为复杂。

科学研究表明，青春期孩子的大脑发育呈现出一种"错位"现象。青春期大脑中负责冲动控制和判断能力的前额皮质尚未发育成熟，而情绪和欲望相关的边缘系统却异常活跃。这种不对称发展导致了青少年常常表现出强烈的情绪波动，却难以理性地处理问题。这种"不平衡"带来了风险，包括情绪失控、冲动行为，甚至一些更严重的问题。

据联合国儿童基金会统计，全球有数百万青少年在青春期经历欺凌、学业压力，或陷入心理困境。在美国，每天有超过5000名青少年萌生自杀念头。这些冰冷的数字提醒我们：青春期并不是简单的"成长痛"，而是需要家长格外关注和应对的关键时期。

青少年问题专家乔希·西普(Josh Shipp)曾言："青春期

的孩子表面上似乎在抗拒父母，但内心却极度渴望被理解和支持。"这就意味着，孩子需要的不是父母的控制，而是理解和引导。

乔希·西普的成长故事：叛逆与转变的启示

乔希·西普用自己的亲身经历诠释了青春期叛逆的复杂性，以及耐心和爱如何帮助孩子改变。他从小生活在孤儿院，因缺乏家庭的温暖而对成年人充满不信任。到了青春期，他更是通过捣乱和惹麻烦来发泄内心的愤怒和孤独。多次被寄养家庭拒绝后，他已习惯于计算"还有几天会被赶走"。直到他遇到了一个特别的寄养家庭，特别是那个家庭的父亲——罗德尼。

罗德尼以一种特殊的方式让乔希意识到责任的重要性。有一次，乔希因为签署大量空头支票而给家庭带来了麻烦，罗德尼默默地帮他偿还了所有账单，但没有过多指责。另一件事则改变了乔希的一生：他因醉酒驾驶被警方拘留，当时他以为罗德尼会马上来保释他。然而，罗德尼告诉他："我会保释你，但不是今天。你需要学会承担错误的后果。"乔希在拘留所度过了一个恐怖的夜晚，深刻体会到责任的重量。第二天早上，罗德尼保释他时并没有愤怒，而是说了一句改变他人生的话："你视自己是一个麻烦，但我们视你为一个机会。"这句话触动了乔希的内心。他从此开始反思自己的行为，逐渐走上合作与成长的道路。如今，他已成为著名的青少年问题专家，为无数家庭提供指导。

专业视角：孩子需要您给予比表面更多的关注

乔希·西普指出："青春期的叛逆行为常常是一种试探。"家长或许会感到孩子似乎在抗拒、远离自己，但这种"推开"并不意味着真正的拒绝。相反，这是一种潜在的情感表达：他们想确认家长是否真的在乎他们。

心理学家丹尼尔·西格尔(Daniel　Siegel)在《青少年大脑》中解释，青春期孩子通过挑战规则、尝试新事物来建立自己的独立性。但与此同时，他们也渴望得到家长的理解和支持。换句话说，当孩子表现出叛逆行为时，家长需要像过山车的安全压杆一样，"被推开"时依然牢牢守护在原地，提供安全感。

青春期的孩子不知道怎么做，不知道怎么去对抗自己的欲望，不知道怎么去对抗冲动，充满无助。充满了无助的这种感觉的时候，他最需要的是来自父母的帮助，而不是父母说，行了，我不管你了。希望父母能够知道，孩子的内心当中，在不断地呼唤你的靠近，在不断地呼唤你能够给他们，更多一些的关注和帮助。

家长身份的转变

青春期不仅是孩子成长的关键阶段，也是家长角色需要转变的时期。在孩子10岁以前，家长往往扮演着"空中交通管制员"的角色，负责安排一切事宜：从作息时间到学习计划，从课外活动到交友圈，事无巨细地规划他们的生活。然而进入青春期后，这种方式开始失效，甚至引发叛逆和反抗。正如乔希·西普所言：家长在青春期需要完成一次身份的重大转变，从"控制者"转变为"教练"——提供指导，但不过度干预。

如何成为一名合格的"青春期教练"？

这种角色变化意味着家长需要退居幕后，让孩子在自己的生活中担当主角，同时通过指导和支持帮助他们度过青春期的风浪。帮助孩子在犯错中学习，在尝试中成长。作为"教练"，家长需要做到以下几点：

成为孩子的"保险杆"

乔希·西普用"过山车的拉杆"来形容父母的角色。他回忆自己青春期时，坐木质过山车发现没有安全带，唯一的保护是一个压杆。他不断试探那个压杆是否牢固，推起来又压下去，而内心深处却希望它始终能稳稳地保护自己。青春期的孩子在情绪上会"推开"家长，实际上是希望父母成为那个可靠的存在，能够承接他们的情绪，守护他们的安全感。父母的"稳定"是青春期孩子最重要的安全感来源。

给予孩子犯错的自由

青春期的孩子常常在冲动中做出不理智的选择，这是因为他们的大脑发育尚未成熟，情绪和欲望远远超前于理性判断。犯错并不可怕，关键是父母能否抓住机会，让错误变成成长的契机。例如，乔希的养父罗德尼面对他醉酒驾驶被拘留的状况，选择让他在拘留所中度过一夜，而不是立刻保释他。这让乔希深刻体会到行为后果的严重性，同时也感受到父母对他的责任心。罗德尼没有惩罚他，而是通过行动传递了一个信息："你需要为自己的行为负责，但我依然在你身后支持你。"这种教育方式比单纯的说教更能让孩子理解责任与后果。

用价值观而非情绪来教育

青春期的孩子特别敏感，家长如果总是通过大吼大叫、惩罚、威胁来管理孩子，只会适得其反。这样会破坏亲子关系，让孩子学会用对抗情绪的方式来回应问题。乔希的养父罗德尼在处理他的问题时，从不使用愤怒和责骂，而是用冷静的态度传递价值观："我们视你为机会，而不是麻烦。"这种平和而坚定的态度，不仅让乔希感受到安全感，也帮助他重新审视自己的行为。

青春期是挑战，但更是孩子成长的重要转折点。家长的智慧和耐心，决定了他们未来的人生方向。青少年比你想象的更需要你，家长要从交通管制员变成教练，需要学习和改变，这样才能帮助孩子顺利度过青春期。

120

小结

真正影响孩子成长的，不是问题本身，而是家长如何看待和应对这些问题。

改变认知，不要轻易给孩子贴标签

相信孩子，是家庭教育的起点。当家长用"问题孩子"的眼光去看待孩子时，孩子很可能会按照这种定义去塑造自己。相反，如果家长愿意换个角度，看到孩子的可能性而非缺陷，孩子也会在这样的信任中找到自信，发展出更健全的自我认同。

孩子的问题，是家长的成长契机

很多时候，孩子的"问题"并非真正的问题，而是家长自身需要成长的信号。孩子的叛逆、焦虑、社交困境，往往影射着家长的教育方式、家庭氛围，甚至是自身的情绪管理。成长型父母的特点就是：他们把每一次挑战都视为自我提升的机会，而不是单纯地把责任归结到孩子身上。

父母的角色，不是管理者，而是陪伴者

孩子不是一台需要被"管理"的机器，而是一个独一无二、不断成长的生命。在养育过程中，我们不应该过度控制孩子，而是要学会接纳、尊重，并用心陪伴他们成长。孩子的每一天、每个阶段，都是不可复制的独特时光，是他们人生中最宝贵的成长过程。

真正的爱，是一种理解和滋养

好父母，不是把爱建立在控制和结果之上，而是用理解、尊重和无条件的爱，去滋养孩子的生命力。作为家长，我们的任务是学习如何去爱，如何被爱，如何成为爱——成为那种无条件的爱。这种爱，不以控制为前提，不以结果为目标，而是充满理解、接纳和滋养。这才是养育的真正意义所在。

第五章

营造和谐氛围，共同成长

3.7 社会能力

3.6 独立性

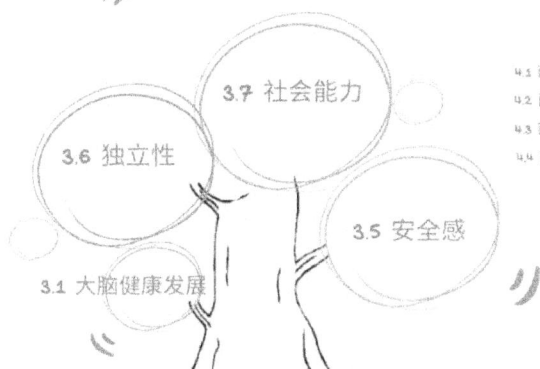

4.1 面对孩子的焦虑
4.2 面对孩子的叛逆
4.3 面对孩子的内向
4.4 面对青春期的孩子

3.5 安全感

3.1 大脑健康发展

践行爱的四种美，避免爱的四种病

3.1 提供大脑健康发展的环境

3.2 做成熟的父母

爱的四种美：
尊重、欣赏、祝福、成长

3.3 学会放手管教

3.4 把握最好的教育时机

爱的四种病：
依赖、依靠、控制、占有

5.2.1 觉醒

5.2.2 觉知

5.2.3 觉行

父母提供的环境是孩子健康成长的土壤，通过觉醒、觉知和觉行
让父母更有能力为孩子创造适合他们成长的土壤和养分。

在前几章中，我们探讨了家庭教育的方向、实践方法，以及如何应对常见的困惑。然而，真正卓越的家庭教育，不仅需要清晰的目标和科学的方法，更需要家长自身的觉醒和成长。用一句话总结：家庭教育的核心是家长借由陪伴孩子成为更好的自己，有能力营造一个温暖、和谐的家庭环境来滋养孩子，最终实现彼此成长。

萨巴瑞提出："在养育孩子的过程中，家长最重要的任务是完成自我的觉醒。"然而，许多家长在教育孩子时，把所有的焦点都放在"如何让孩子听话""如何纠正孩子的问题"上，却忽略了真正应该改变的，往往是自己。心理学家卡尔·荣格(Carl Gustav Jung)也曾说："如果我们希望改变孩子的某些方面，我们应首先审视自己，看看是否更应该改变自己。"

那么，如何开始这样的"家庭觉醒"？首先，我们需要认识真正的"自己"。

第一节

觉醒家庭的起点：认识真正的自己

在日常生活中，你是否遇到过这样的场景：

· 孩子拖拉不写作业，你忍不住大声训斥，事后又后悔自己情绪失控。

· 孩子在公共场合发脾气，你感到难堪，忍不住呵斥："这么多人看着呢，怎么这么不懂事！"

· 孩子做事不如别的孩子优秀，你不自觉地批评："你看看别人，再看看你！"

这些情绪，是你的本能反应，还是你真正想要的教育方式？如果让你重新选择，你是否希望自己能更冷静、更有耐心？

从心理学角度解释，这种冲突正是"假我"与"真我"之间的拉扯。

· "假我"：充满焦虑、控制欲和恐惧。它让我们害怕孩子失败，害怕被社会评价，害怕家庭关系失控。因此，我们试图用高压和控制来处理问题，比如对孩子的学习成绩过度焦虑，对孩子的行为过度干涉。

125

- **真我**：是一种稳定、温暖、接纳的状态。是觉醒状态下的我们，拥有温暖、包容和清晰的内在力量。真我能帮助我们看到孩子成长的真实节奏，而非将自己的焦虑投射到孩子身上。

沙法丽博士指出："假我会让家长陷入批判和控制的循环，而真我则引导我们接纳、倾听孩子的情绪。"试想一下，如果一直是真我起主导作用，带领我们生活会是什么样的状态？我们用这样的状态能够建设一个什么样的家庭？我们的孩子会不会喜欢这样的生活环境？孩子会不会想成为你这样的人？答案是肯定的。

认识真正的自己

要营造一个和谐的家庭，首先要回归一个根本问题：我们是否真正认识自己？不妨自问："我是谁？"这个问题看似简单，实则深远。当我们的名字被改变，我们依然是自己吗？当我们失去职业、身份，甚至容貌发生变化，我们的本质是否仍然存在？答案显而易见：我们的名字、职业和外貌，并不等于"我"。它们只是外在的标签，而真正的"我"远比这些要深刻得多。

然而，在日常生活中，我们常常被情绪牵着走，展现出苛刻、焦虑，甚至愤怒的一面。我们为何会这样？心理学认为，这源于我们长期被"假我"主导而不自知。

假我的影响：恐惧与控制的恶性循环

假我，是由成长环境、社会评价和过往经历塑造的"自我形象"，它让我们习惯性地以固定的思维模式看待世界。它本质上是一种心理防御机制，让我们在恐惧和焦虑中试图掌控一切，却不知不觉被其操控。

例如，当孩子顶嘴时，假我会让我们立刻反应："他怎么能这样对我？以后一定会变得不孝顺！"这种夸大的假设，让我们陷入焦虑，进而用高压手段去控制孩子的行为。然而，这种控制不仅无法让孩子真正理解规则，反而会让他们更加反抗。

这种焦虑驱使我们不断干涉孩子的学习、生活，甚至情绪表达。然而，越想控制，往往带来更多混乱和挫败感。心理学家理查德·保罗(Richard Paul)和琳达·埃尔德(Linda Elder)在《思辨与立场》中提到："所有的烦恼和不安，根源在于我们的思维方式出现了问题。"同样，《清醒地活》也指出："问题的根源不在生活本身，而是我们的思想混乱给生活带来的干扰。"

假我让我们与生活对抗，使每一天变得疲惫不堪。它让我们害怕失败、害怕被否定，甚至害怕那些尚未发生的事情。于是，我们拼命制定规则、设定目标，试图让生活保持"可控"，却忽略了最重要的东西——真正的连接和幸福。

真正的"我"：内在幸福的引领者

与假我不同，真我是一种超越外在标签、情绪和控制欲的内在存在。不同文化对真我有不同的称呼：佛学称之为"自性"，印度哲学称之为"阿特曼"，西方心理学称之为"本我"或"灵魂"。无论如何命名，真我的本质都是宁静、包容、自由的。它不受外界评价影响，也不依赖环境赋予的身份。当我们活在真我之中，我们能够以平静的视角观察情绪，而不是被情绪操控。

当我们能够停下脚步，审视自己的内心，我们就会发现：知道自己焦虑的人本身并不焦虑，知道自己痛苦的人本身并不痛苦。这种觉知带来的平静，是通往幸福的钥匙。真我的状态温暖、清净、宽容、充满喜悦和感恩。当更多以真我为主导时，那些让我们感到不安的情绪和行为就会逐渐减弱甚至消失。

第二节

家庭觉醒的过程：从假我到真我的转变

有一次，一位信上帝的父亲与我分享他的困惑。他说，每天早晨状态还不错，能够以神一样通透和宽容的态度面对生活。然而，到了中午，在处理各种问题后，好的状态逐渐崩塌，神性逐渐流失；晚上回家时，各种负面情绪已经占据了内心。自己就像没电的机器，只剩下疲惫和无助。

我问他："当你感到充满神性的时候，是什么样的状态？"

他说："那种状态是喜悦、包容、通透、充满爱。"

我又问他："当你觉得负面情绪占据内心时，是什么样的感觉？"

他说："焦虑、悲伤、愤怒、无助。"

我继续追问："如果一天的大部分时间，你都能处于喜悦和包容的状态，生活会是什么样子？"

他说："那简直太幸福了。"

我接着问："如果把这个时间段从一天拉长到一生呢？"

他说："那是一种完全不同的人生。充满正能量的生活会让我一生幸福，而负面情绪会让我一生痛苦。"

我点头回应："这正是关键所在。我们用哪个'我'主导生活，决定了我们的幸福感。当真我占据更多时间，我们的生活状态就会发生根本改变。"

用真我引领生活：觉醒、觉知与觉行

从假我到真我的转变，并非一蹴而就，而是需要觉醒、觉知和觉行的持续修炼。正如古语所说："不怕妄念起，只怕觉照迟。"只要我们能意识到自己的情绪和行为模式，我们就已经迈出了觉醒的第一步。

觉醒：识别假我的操控

觉醒是意识到自己正被情境、情绪或惯性思维所掌控，并能跳脱出来重新审视自己。

为什么我们会"入戏太深"？

人的意识具有强大的聚焦能力，这种能力让我们沉浸在某种情境中，仿佛它是全部现实。例如，看电影时，我们会全情投入，甚至忘记周围的世界。而在日常生活中，我们也常常被问题和焦虑所淹没，误以为这些才是全部的真相。

如何判断自己是否"入戏"？

我们可以通过情绪来判断——如果你对外界的反应充满愤怒、恐惧或焦虑，说明假我正在主导你的行为。

如何跳脱情绪陷阱？

一旦察觉自己即将被情绪裹挟，就要学会按下暂停键。就像火箭发射前需要积累燃料，我们的情绪也是如此——如果能在情绪"点燃"前觉察并暂停，便能大幅降低爆发的可能性。正如斯蒂芬·柯维所提出的：刺激与反应之间存在一个"选择的空间"，这个空间决定了我们的成长与自由。通过暂停，我们可以跳出情绪自动化反应，选择更理性和积极的回应方式。

觉知：深挖情绪的根源

暂停并不意味着问题已经解决。很多人即使暂时平复了情绪，却没有真正找到情绪的深层原因，导致下一次仍然被相同的问题触发。因此，我们需要深入觉知情绪的根源。

情绪的表象vs. 情绪的真相

我们以为让我们生气的是孩子顶嘴、工作受挫或家庭矛盾，实际上，这些只是情绪的表象，背后隐藏的是深层的认知模式或过往未解的情感积累。

"冰山理论"告诉我们：冰山露出水面的部分是我们的行为和情绪，而隐藏在水面之下的，是我们的信念、需求和价值观。许多时候，我们愤怒、焦虑或委屈，并非因为眼前的事件，而是源于更深层的心理模式。比如：

- 当孩子不愿听从父母安排时，我们为何会感到挫败？是否因为我们潜意识里认为"孩子必须听我的，否则他未来会失败"？

- 当孩子学习成绩下滑时，我们为何会焦虑？是否因为我们误以为"只有好成绩才能有好未来"？

找到根源，才能真正解脱

如果我们只是短暂抑制情绪，而不去深挖其背后的成因，就像剪掉杂草的地上部分，但根仍然留在土壤中，随时可能再次生长。只有找到深层的局限性信念，并用正确的认知替代，才能彻底打破情绪反复爆发的循环。

觉行：用真我引导生活

道理明白了，为什么还是没有用？因为没有用。为什么不行？因为没有行。觉行是将觉醒和觉知的道理运用到生活的点滴中。

稻盛和夫说过："人生不是一场物质的盛宴，而是一场灵魂的修炼。"生活中的每一件事，都是我们觉醒的练习场。孩子的不听话、家庭的争执、工作的压力，都是锻炼我们内在稳定性的机会。

觉行的意义在于提纯内心，将生活的每一件事都视为修炼的机会。道理的理解并不能改变人生，唯有实践才能产生真正的转变。不断在实际中觉察并调整自己的情绪反应，我们便能逐步摆脱假我的局限，进入真我的宽广状态。

通过不断地修炼内心，我们会发现生活中更多的善与美。这样的状态不仅是对自己的滋养，也会成为滋养孩子和家庭的最好方式。正如古圣先贤所示范的那样，真正有意义的人生，是不断提纯自我、活出真我的过程。

了解了以上内容，我们和孩子相处的真实意义也会清晰起来。

第三节

觉醒家庭中孩子的角色：
家长的"觉醒者"

在家庭成长的旅程中，孩子不仅是被养育的对象，更是家长最好的"觉醒者"。家长在与孩子的互动中，往往会发现自己内心的种种执念、焦虑和未曾察觉的偏见。孩子就像一面"照心镜"，真实地映照出家长尚未觉察的情绪模式和成长盲点，让我们得以反思并调整自己的状态。

孩子并不需要家长"塑造"成某种理想的模样，而是需要一个环境，让他们保持原本的觉醒状态。他们天生充满好奇、勇敢探索世界、直觉敏锐，并且能够轻易沉浸在当下的每一刻。他们懂得如何感受自己，如何自然而然地流露情感。然而，当成人用过度控制、过分干涉或消极评价介入孩子的成长，反而会让他们远离自己的本真，陷入焦虑、对抗甚至自我怀疑。

荣格曾指出："孩子的内在是未受污染的'真我'，成人需要做的，不是强行改变他们，而是帮助他们保持这种状态。"家长如果能够意识到孩子的成长不仅是他们的旅程，更是家长自我觉醒的契机，就能学会在教养过程中放下掌控，减少焦虑，让孩子自由绽放他们的独特光彩。

　　真正觉醒的家长明白，教育不是"控制"，而是"成长"。研究表明，孩子的心理健康与家庭环境的自由度密切相关。过度强调未来目标，或者把家长的焦虑投射到孩子身上，只会让孩子承受巨大的心理压力，甚至形成讨好型人格或反叛心理。正如教育学家约翰·杜威(John　Dewey)所言："自由的成长环境才是教育的本质，强行塑造的教育只能制造焦虑。"

　　家长的任务不是让孩子变得符合某种标准，而是创造一个充满理解和信任的氛围，让他们有机会成长为最好的自己。

第四节

觉醒家庭的样貌：
彼此滋养的成长空间

觉醒的家庭不再是控制的空间，而是彼此滋养的场所。在这样的家庭中：

· 家长不再被焦虑驱使，而是以真我陪伴孩子成长；

· 孩子不再被标签和期待束缚，而是被理解和接纳；

· 亲子关系不再是冲突与对抗，而是尊重与共生。

在觉醒的家庭中，爱不再是掌控，而是无条件地支持；理解不再是勉强的顺从，而是真诚的倾听。每个家庭成员都在成长，彼此尊重，才能营造一个和谐、自由的家庭氛围。

真正的家庭教育，不是家长"教会"孩子什么，而是家长与孩子一起觉醒、共同成长。

这，才是家庭教育的终极目标，也是孩子与家长共同的成长之路。

案例分享：觉醒的家庭培养出成功的孩子

沃西基(Esther Wojcicki)是一位杰出的母亲，同时也是一名资深教育家。她的家庭教育哲学核心在于"家长的觉醒"——即父母需要认识自我，以真我的状态面对孩子，放下控制，给予他们充分的信任和自由，让孩子成为自己人生的主导者。她深信，真正的教育不是家长替孩子做决定，而是让孩子自己掌舵，家长则以智慧和觉醒的姿态在旁支持和引导。

在沃西基的影响下，她的三个女儿都成长为各自领域的佼佼者：

· 苏珊·沃西基(Susan Wojcicki)——谷歌的第16号员工，后来担任YouTube CEO，被称为"谷歌之母"；

· 珍妮特·沃西基(Janet Wojcicki)——医学教授，长期从事非洲艾滋病研究；

· 安妮·沃西基(Anne Wojcicki)——23andMe基因检测公司的创始人，被评为"全球科技领导者"。

她们的成就，不仅源于自身的努力，更离不开母亲的教育智慧。沃西基始终坚信：孩子应该掌控自己的人生，而家长的职责是支持，而非掌控。

给予尊重与信任，孩子才能真正成长

从尊重到成就：苏珊的故事

苏珊·沃西基的职业生涯始于一个"普通"的决定——她在硅谷买了房子，并将车库租给了两位年轻租客。后来，这两位租客——谢尔盖·布林和拉里·佩奇，成为了谷歌的创始人。她不仅没有因为他们加班到深夜、偶尔偷吃冰箱里的食物而生气，反而给了他们最大的支持。这种开放与信任，使她最终成为谷歌的早期核心成员，并在科技行业取得非凡成就。

她之所以能有这样的信任感，离不开母亲的教育理念。沃西基一直鼓励孩子们大胆尝试、独立决策，并坚信即便孩子做出"不同寻常"的选择，也值得被尊重。这种信任，为苏珊的事业奠定了坚实的基础。

信任培养勇气：珍妮特的故事

二女儿珍妮特选择了一条不同寻常的医学之路。她长期在非洲研究艾滋病，在这过程中，甚至曾遭遇狂犬病狼狗的袭击。然而，她没有因此退缩，而是继续坚守研究。这份勇气和坚持，源自母亲从小给予的支持。沃西基相信，孩子需要在挑战中锻炼自己，而不是在保护中失去成长的机会。

尊重孩子的节奏，换来安妮的成功

三女儿安妮从耶鲁大学毕业后，做出了一个令许多家长无法接受的决定——回到硅谷当保姆。如果换作一般的家长，可能会认为她"浪费学业""没有前途"，甚至会强迫她改换更"体面"的职业。但沃西基选择了尊重孩子的选择，并用行动支持她。她并没有直接干涉，而是偶尔分享一些生物学相关的工作信息，给安妮留出自主决定的空间。最终，安妮找到了自己真正的兴趣点，并创立了23andMe，这家基因检测公司成为全球领先企业，而她本人也被评为"全球科技领导者"。

家长越控制，孩子越平庸

沃西基发现，那些过度干涉孩子的父母，往往培养出平庸的人。这样的孩子可能学习成绩很好，但缺乏真正的热情和自主能力。很多家长习惯性地"替孩子做主"，无论孩子做什么，父母都在旁边观察，甚至在孩子遇到问题时，第一时间出手解决。这样一来，孩子就失去了自己思考和解决问题的机会。他们可能会在考试中取得优异成绩，但进入职场后，却缺乏独立思考和探索的能力。

沃西基强调："孩子是家庭的一面镜子。"真正的教育，不是让孩子按照家长的期望成长，而是家长自身也不断觉醒，与孩子共同进步。她认为，家长不需要在孩子面前塑造"完美榜样"，而是可以坦诚分享自己的成长过程，甚至邀请孩子帮助自己一起改进。这种共同学习的模式，能让孩子感受到家庭的温暖和真实。

小结

家庭教育的本质不仅是培养孩子，更是家长在觉醒和成长的过程中，创造一个充满理解、尊重和支持的环境，让孩子自然绽放。

觉醒是家庭教育的起点

家庭教育的第一步，不是如何"管教"孩子，而是家长的自我觉醒。当父母能识别自己的"假我"与"真我"，并通过觉察和反思调整自己的情绪状态，就能以更加温暖、包容和稳定的态度去陪伴孩子。

孩子是父母的"唤醒者"

孩子是一个有独立生命力的个体。在成长过程中，他们的行为和情绪往往反映出家长的教育方式和内在状态。孩子的存在是父母最好的觉察工具——他们提醒我们审视自己的行为模式、调整心态，并提供成长的契机。

家庭教育是一个从"外求"到"内求"的转变过程

当家长能够真正觉察自己的成长需求，并以真我的姿态去陪伴孩子，整个家庭便会进入彼此成就、共同成长的正向循环。在这样的家庭里，孩子才能真正绽放。

结　语

希望这本书能为每一位家长提供一条清晰的家庭教育之路，让我们在陪伴孩子成长的同时，也能完成自身的觉醒与提升。家庭教育的真正价值，不仅在于培养孩子具备内在生命力和独立性，更在于让家长成为更好的自己———一个充满智慧、觉察和爱的榜样。

我们在这本书里，尽可能避免提供过多方法，更多的是和家长朋友们探讨家庭教育中的诸多为什么。正所谓"法无定法"，最重要的是把握正确的方向，当我们了解了方向，了解了为什么，很多问题会自然迎刃而解。

教育的核心，从来不在于对孩子"用力"，而在于父母自身的成长。正如我们所讨论的："原件"成长了，"复印件"自然也会成长。

家庭教育是一场双向的成长之旅。孩子不仅仅是需要被塑造的对象，更是我们最好的"唤醒者"。他们提醒我们回归真我的状态，用更觉醒的心态去面对人生。

愿这本书成为您在教育之路上的一盏明灯，帮助您构建一个充满爱、尊重与自由的家庭环境。关于如何进一步构建和谐家庭以及实现自我成长，我们将在后续探讨。

期待与您再次相见，共同迈向更加和谐、幸福的家庭生活。

参考文献

- Adler, A. (1927). The Individual Psychology of Alfred Adler: A Systematic Presentation in Selections from His Writings. New York: Basic Books. ISBN: 9780061564003.
- Adler, A. (1929). The Science of Living. New York: Greenberg.
- Adler, A. (1930). The Education of Children. London: George Allen & Unwin Ltd.
- Adler, A. (1938). Social Interest: A Challenge to Mankind. London: Faber & Faber.
- Adler, A. (1998). Understanding Human Nature. Oxford: Oneworld Publications.
- Akhtar, S. (2009). Comprehensive Dictionary of Psychoanalysis. London: Karnac Books.
- Alvarez, C. (2019). The Natural Laws of Children. Beijing: SDX Joint Publishing Company. ISBN: 9787108064510.
- American Psychiatric Association (APA). (2013). Diagnostic and Statistical Manual of Mental Disorders (DSM-5). Washington, DC: American Psychiatric Publishing.
- American Psychological Association (APA). (n.d.). Research on child education and psychology. Retrieved from https://www.apa.org.
- American Psychological Association (APA). (n.d.). Research on child psychology and brain development. Retrieved from https://www.apa.org.
- Arnett, J. J. (2004). Emerging Adulthood: The Winding Road from the Late Teens Through the Twenties. New York: Oxford University Press.
- Aron, E. N. (1996). The Highly Sensitive Person: How to Thrive When the World Overwhelms You. New York: Broadway Books.
- Aron, E. N. (2002). The Highly Sensitive Child: Helping Our Children Thrive When the World Overwhelms Them. New York: Harmony.
- Australian Institute of Health and Welfare. (2021). Youth Mental Health Report: Examining the Prevalence of Anxiety and Depression in Australian Adolescents. Retrieved from https://www.aihw.gov.au.
- Bandura, A. (1977). Social Learning Theory. Englewood Cliffs, NJ: Prentice Hall. ISBN: 9780138167448.
- Baumrind, D. (1966). Effects of authoritative parental control on child behavior. Child Development, 37(4), 887 – 907.
- Baumrind, D. (1991). The influence of parenting style on adolescent competence and substance use. The Journal of Early Adolescence, 11(1), 56 – 95.
- Beck, A. T. (1976). Cognitive Therapy and the Emotional Disorders. New York: International Universities Press.
- Beck, A. T. (1979). Cognitive Therapy of Depression. New York: Guilford Press.
- Bernstein, J. (2015). 10 Days to a Less Defiant Child: The Breakthrough Program for Overcoming Your Child's Difficult Behavior. New York: Da Capo Lifelong Books.
- Blaine, K. (2010). The Go-To Mom's Guide to Emotion Coaching Young Children. New York: Wiley.
- Bloom, B. S. (1956). Taxonomy of Educational Objectives: The Classification of Educational Goals. New York: Longmans, Green. ISBN: 9780821508015.
- Bowlby, J. (1969). Attachment and Loss. Vol. 1: Attachment. New York: Basic Books. ISBN: 9780465005437.
- Brackett, M., & Stern, R. (2019). Permission to Feel: Unlocking the Power of Emotions to Help Our Kids, Ourselves, and Society Thrive. New York: Celadon Books.
- Brazelton, T. B., & Sparrow, J. D. (2006). Touchpoints-Birth to Three: Your Child's Emotional and Behavioral Development. Cambridge, MA: Da Capo Press.
- Bronfenbrenner, U. (1979). The Ecology of Human Development: Experiments by Nature and Design. Cambridge, MA: Harvard University Press.
- Bronson, P., & Merryman, A. (2009). NurtureShock: New Thinking About Children. New York: Twelve.
- Brown, B. (2012). Daring Greatly. New York: Avery.
- Burns, D. D. (1980). Feeling Good: The New Mood Therapy. New York: Avon Books.
- Cain, S. (2012). Quiet: The Power of Introverts in a World That Can't Stop Talking. New York: Crown Publishing Group.

- Carnegie, D. (1936). How to Win Friends and Influence People. New York: Simon and Schuster.
- Center on the Developing Child, Harvard University. Key Concepts: Brain Architecture. Retrieved from https://developingchild.harvard.edu.
- Chansky, T. E. (2014). Freeing Your Child from Anxiety: Practical Strategies to Overcome Fears, Worries, and Phobias and Be Prepared for Life from Toddlers to Teens. New York: Harmony.
- Chapman, G. (2010). The 5 Love Languages of Children. Chicago, IL: Northfield Publishing.
- Chorpita, B. F., & Weisz, J. R. (2009). Modular Approach to Therapy for Children with Anxiety, Depression, Trauma, or Conduct Problems (MATCH-ADTC). New York: Guilford Press.
- Covey, S. R. (1989). The 7 Habits of Highly Effective People: Powerful Lessons in Personal Change. New York: Free Press. ISBN: 9780743269513.
- Cowen, T. (2013). Average Is Over: Powering America Beyond the Age of the Great Stagnation. New York: Dutton.
- Cozolino, L. (2014). The Neuroscience of Human Relationships: Attachment and the Developing Brain. New York: W.W. Norton & Company.
- Deci, E. L., & Ryan, R. M. (2000). Self-Determination Theory: The Facilitation of Intrinsic Motivation, Social Development, and Well-Being. American Psychologist, 55(1), 68 – 78. DOI: 10.1037/0003-066X.55.1.68.
- Deci, E. L., & Ryan, R. M. (1985). Intrinsic Motivation and Self-Determination in Human Behavior. New York: Springer.
- Dewey, J. (1916). Democracy and Education. New York: Macmillan.
- Dewey, J. (1938). Experience and Education. New York: Kappa Delta Pi.
- DiGeronimo, T. F. (2018). How to Develop Your Child's Social Skills. Beijing: Beijing United Publishing Company. ISBN: 9787559615305.
- Dijkstra, K., Pieterse, M. E., & Pruyn, A. (2008). Stress-Reducing Effects of Indoor Plants in the Built Environment: The Mediating Role of Perceived Attractiveness. Journal of Environmental Psychology, 28(3), 281 – 289.
- Durkheim, E. (1897). Suicide: A Study in Sociology. New York: The Free Press.
- Duhigg, C. (2012). The Power of Habit: Why We Do What We Do in Life and Business. New York: Random House.
- Ellis, A. (1962). Reason and Emotion in Psychotherapy. New York: Lyle Stuart. ISBN: 9780806538044.
- Ellis, A. (1975). A Guide to Rational Living. New York: Harper Perennial.
- Erikson, E. H. (1968). Identity: Youth and Crisis. New York: W. W. Norton & Company.
- Erikson, E. H. (1993). Childhood and Society. New York: W. W. Norton & Company.
- Faber, A., & Mazlish, E. (2012). How to Talk So Kids Will Listen & Listen So Kids Will Talk. New York: Scribner.
- Family Relations and Mental Health Journal. (2018). Impact of family dynamics on child mental health outcomes. Journal of Family Psychology, 32(4), 301 – 315.
- Fàn, D. (2022). The Awakening of Growth. Beijing United Publishing Company. ISBN 9787559668769.
- Forward, S. (1989). Toxic Parents: Overcoming Their Hurtful Legacy and Reclaiming Your Life. New York: Bantam Books.
- Frankl, V. E. (2015). Man's Search for Meaning. Beijing: Beijing United Publishing Company. (Original work published 1946).
- Freud, S. (1923). The Ego and the Id. London: Hogarth Press.
- Gardner, H. (1983). Frames of Mind: The Theory of Multiple Intelligences. New York: Basic Books. ISBN: 9780465024339.
- Gibson, E. C. (n.d.). Perspectives on safety and psychological development in marriage and family therapy. Training materials and professional insights.
- Gibson, E. C. (2024). Managing a Happy Family. Beijing: Beijing United Publishing Company. ISBN: 9787559676214.
- Gibson, L. C. (2015). Adult Children of Emotionally Immature Parents: How to Heal from Distant, Rejecting, or Self-Involved Parents. Oakland: New Harbinger Publications.

142

- Ginsburg, G. S., & Becker, K. D. (2006). Treating Childhood Anxiety Disorders: Evidence-Based Strategies for Effective Practice. San Diego: Elsevier.
- Ginsburg, K. R., & Jablow, M. M. (2014). Building Resilience in Children and Teens: Giving Kids Roots and Wings. Elk Grove Village, IL: American Academy of Pediatrics.
- Global Education Outlook. (2021). Parenting styles across cultures: A comparative perspective. International Journal of Educational Studies, 58(3), 245 – 267.
- Goleman, D. (1995). Emotional Intelligence: Why It Can Matter More Than IQ. New York: Bantam Books. ISBN: 9780553375060.
- Gopnik, A. (2016). The Gardener and the Carpenter: What the New Science of Child Development Tells Us About the Relationship Between Parents and Children. New York: Farrar, Straus and Giroux. ISBN: 9780374229702.
- Gottman, J. M., & DeClaire, J. (1997). Raising an Emotionally Intelligent Child: The Heart of Parenting. New York: Simon & Schuster.
- Gottman, J. M., & Silver, N. (1999). The Seven Principles for Making Marriage Work. New York: Three Rivers Press.
- Grand, B. (2011). Raising Resilient Children: Fostering Strength, Hope, and Optimism in Your Child. New York: McGraw Hill.
- Grant, A. M. (2016). Why introverts can make the best leaders. Harvard Business Review. Retrieved from https://hbr.org.
- Greene, R. W. (2010). The Explosive Child: A New Approach for Understanding and Parenting Easily Frustrated, Chronically Inflexible Children. New York: Harper.
- Government of Finland. (2020). Adolescent Depression Trends in Finland: A Decadal Report. Retrieved from https://www.stat.fi.
- Gunnar, M. R., & Quevedo, K. (2007). The neurobiology of stress and development. Annual Review of Psychology, 58(1), 145 – 173.
- Harvard Family Research Project. (n.d.). Research on the importance of family reading in education. Retrieved from Harvard Family Research Project website.
- Hart, B., & Risley, T. R. (1995). Meaningful Differences in the Everyday Experience of Young American Children. Baltimore: Brookes Publishing. ISBN: 9781557661975.
- Harvard Graduate School of Education. (2001). Raising Teens: A Synthesis of Research and a Foundation for Action. Cambridge, MA: Harvard University.
- Harris, P. L. (2000). The Work of the Imagination. Oxford: Wiley-Blackwell. ISBN: 9781405112064.
- Holt, J. (1983). How Children Learn. Cambridge, MA: Perseus Books.
- Hyde, J. S. (2014). Gender differences in adolescence: Implications for the development of depression. Clinical Psychology Review, 34(1), 18 – 27.
- Insel, T. (2022). Healing: Our Path from Mental Illness to Mental Health. New York: Penguin Random House.
- Jensen, E. (2005). Teaching with the Brain in Mind. Alexandria, VA: ASCD.
- Jin, W. (2021). There Is Only One Thing in Life. Beijing: CITIC Press Group. ISBN: 9787521728248.
- Jung, C. G. (1954). The development of personality. Princeton University Press.
- Kabat-Zinn, J. (1990). Full Catastrophe Living: Using the Wisdom of Your Body and Mind to Face Stress, Pain, and Illness. New York: Bantam Books.
- Kagan, J. (2010). The Temperamental Thread: How Genes, Culture, Time, and Luck Make Us Who We Are. New York: Dana Press.
- Kaplan, S. (1995). The restorative benefits of nature: Toward an integrative framework. Journal of Environmental Psychology, 15(3), 169 – 182. DOI: 10.1016/0272-4944(95)90001-2.
- Kishimi, I., & Koga, F. (2018). The Courage to Be Disliked. Shanghai: Wenhui Publishing House. ISBN: 9787544765633.
- Kohlberg, L. (1981). Essays on Moral Development, Volume One: The Philosophy of Moral Development. New

York: Harper & Row.

- Kohn, A. (1999). Punished by Rewards: The Trouble with Gold Stars, Incentive Plans, A's, Praise, and Other Bribes. New York: Houghton Mifflin.
- Kolb, D. A. (1984). Experiential Learning: Experience as the Source of Learning and Development. Englewood Cliffs, NJ: Prentice Hall. ISBN: 9780132952613.
- Kondo, M. (2014). The Life-Changing Magic of Tidying Up: The Japanese Art of Decluttering and Organizing. Ten Speed Press.
- Laozi. (2009). Dao De Jing. Beijing: Commercial Press.
- Laney, M. O. (2002). The Introvert Advantage: How to Thrive in an Extrovert World. New York: Workman Publishing Company.
- Laney, M. O. (2011). The Hidden Gifts of Introverted Children. Shenyang: Northern Women and Children Publishing House. ISBN: 9787538558265.
- Lave, J., & Wenger, E. (1991). Situated Learning: Legitimate Peripheral Participation. Cambridge: Cambridge University Press. ISBN: 9780521423748.
- Leahy, R. L. (2006). The Worry Cure: Seven Steps to Stop Worry from Stopping You. New York: Harmony Books.
- Lickona, T. (1983). Raising Good Children. New York: Bantam Books.
- Li, Z. (2021). Xin zhili; Shangye qiji de diceng siwei [Mental Intelligence: The Underlying Thinking of Business Miracles]. China Machine Press. ISBN 9787121338823.
- Lin, Z. (2018). Give Your Child a Lifetime of Security. Beijing: Beijing Institute of Technology Press. ISBN: 9787568255332.
- Linehan, M. M. (1993). Cognitive-Behavioral Treatment of Borderline Personality Disorder. New York: Guilford Press.
- Lotz, S. (2018). Digital Parenting: Raising Balanced Kids in a Hyper-Connected World. Chicago: University of Chicago Press.
- Louv, R. (2008). Last Child in the Woods: Saving Our Children from Nature-Deficit Disorder. Chapel Hill: Algonquin Books. ISBN: 9781565126053.
- Lythcott-Haims, J. (2015). How to Raise an Adult: Break Free of the Overparenting Trap and Prepare Your Kid for Success. New York: St. Martin's Press.
- Maccoby, E. E., & Martin, J. A. (1983). Socialisation in the context of the family: Parent-child interaction. In Handbook of Child Psychology (4th ed., pp. 1 – 101). New York: Wiley.
- Marcia, J. E. (1980). Identity in Adolescence. In J. Adelson (Ed.), Handbook of Adolescent Psychology (pp. 159 – 187). New York: Wiley.
- Markham, L. (2012). Peaceful Parent, Happy Kids: How to Stop Yelling and Start Connecting. New York: TarcherPerigee.
- Maslow, A. H. (1943). A theory of human motivation. Psychological Review, 50(4), 370 – 396. DOI: 10.1037/h0054346.
- Miller, A. (1981). The Drama of the Gifted Child: The Search for the True Self. New York: Basic Books.
- Montessori, M. (1949). The Absorbent Mind. Oxford, UK: Clio Press.
- Montessori, M. (1964). The Montessori Method. New York: Schocken Books.
- Montessori, M. (2013). The Secret of Childhood. Beijing: Beijing United Publishing Company. (Original work published 1936).
- Montessori, M. (1948). The Discovery of the Child. New York: Ballantine Books.
- Nardi, D. A. (2011). The Neuroscience of Personality: Brain-Savvy Insights for All Types of People. Union, NJ: Radiance House.
- National Institute for Health and Care Excellence (NICE). (2020). Depression in Children and Young People: Identification and Management. Retrieved from https://www.nice.org.uk.

144

- National Institute of Child Health and Human Development (NICHD). (n.d.). Research on early brain development and reading habits in children. Retrieved from NICHD website.
- National Institute of Mental Health (NIMH). (2021). Statistics on Child and Adolescent Mental Health. Retrieved from https://www.nimh.nih.gov.
- Nelson, J. (2006). Positive Discipline: The Classic Guide to Helping Children Develop Self-Discipline, Responsibility, Cooperation, and Problem-Solving Skills. New York: Ballantine Books.
- Nelsen, J., Lott, L., & Glenn, H. S. (2012). Positive Discipline for Teenagers: Empowering Your Teens and Yourself Through Kind and Firm Parenting. New York: Harmony.
- Olson, K. R. (2016). Parenting the Introverted Child: How to Help Your Child Thrive in an Extroverted World. Seattle, WA: Parenting Press.
- Organisation for Economic Cooperation and Development (OECD). (2000). Literacy in the Information Age: Final International Adult Literacy Survey Report. Paris: OECD Publishing.
- Padesky, C. A., & Greenberger, D. (2016). Mind Over Mood: Change How You Feel by Changing the Way You Think (2nd ed.). New York: Guilford Press.
- Panksepp, J. (2007). Play and social brain development. American Journal of Play, 1(2), 245 – 273.
- Parenting Science. (2023). Adolescence: A Guide for Parents and Educators. Parenting Science Publications.
- Patterson, G. R. (1971). Families: Applications of Social Learning to Family Life. Champaign, IL: Research Press.
- Patterson, G. R. (1982). Coercive Family Process. Eugene, OR: Castalia Publishing Company.
- Perry, B. D., & Szalavitz, M. (2006). The Boy Who Was Raised as a Dog: And Other Stories from a Child Psychiatrist's Notebook. New York: Basic Books.
- Piaget, J. (1952). The Origins of Intelligence in Children. New York: International Universities Press.
- Plutchik, R. (1980). A general psychoevolutionary theory of emotion. In R. Plutchik & H. Kellerman (Eds.), Theories of Emotion (pp. 3 – 31). New York: Academic Press. ISBN: 9780125587013.
- Robinson, K. (2011). Out of Our Minds: Learning to Be Creative. New York: Capstone
- Rogers, C. R. (1995). On Becoming a Person: A Therapist's View of Psychotherapy. Boston: Houghton Mifflin Harcourt.
- Rogers, D. (2014). How to Talk About Sensitive Issues with Children. London: HarperCollins.
- Rosenberg, M. (2003). Nonviolent Communication: A Language of Life. Encinitas, CA: PuddleDancer Press. ISBN: 9781892005038.
- Roosevelt, E. (1937). This is My Story. New York: Harper & Brothers.
- Roosevelt, E. (1960). You Learn by Living: Eleven Keys for a More Fulfilling Life. New York: Harper & Brothers.
- Rousseau, J. J. (1762). Émile, or On Education. New York: Basic Books.
- Ryan, R. M., & Deci, E. L. (2020). Intrinsic and extrinsic motivations: Classic definitions and new directions. Contemporary Educational Psychology, 25(1), 54 – 67.
- Sapolsky, R. M. (2004). Why Zebras Don't Get Ulcers: The Acclaimed Guide to Stress, Stress-Related Diseases, and Coping. New York: Henry Holt.
- Satir, V. (1988). The New Peoplemaking. Palo Alto, CA: Science and Behavior Books. ISBN: 9780831400706.
- Satir, V. (2008). The New Peoplemaking. Beijing: World Publishing Corporation. ISBN: 9787506280496.
- Schumacher, E. F. (2021). A Guide for the Perplexed. Beijing: China Machine Press. ISBN: 9787111689515.
- Seligman, M. E. P. (2002). Authentic Happiness: Using the New Positive Psychology to Realize Your Potential for Lasting Fulfillment. New York: Free Press.
- Senge, P. (1990). The Fifth Discipline: The Art & Practice of The Learning Organization. New York: Doubleday/Currency.
- Shaffer, D. R., & Kipp, K. (2013). Developmental Psychology: Childhood and Adolescence. Belmont, CA: Wadsworth Publishing. ISBN: 9781133491231.
- Shapiro, L. E. (2009). The Relaxation and Stress Reduction Workbook for Kids. Oakland, CA: New Harbinger

Publications.

- Shipp, J. (2010). The Teen's Guide to World Domination: Advice on Life, Liberty, and the Pursuit of Awesomeness. New York: HarperCollins.
- Shipp, J. (2017). The Grown-Up's Guide to Teenage Humans: How to Decode Their Behavior, Develop Unshakable Trust, and Raise a Respectable Adult. New York: Harper Wave.
- Shipp, J. (2019). Decoding Adolescence: How to Accompany Teenagers' Growth. Changsha: Hunan Education Press. ISBN: 9787553965086.
- Shonkoff, J. P., & Phillips, D. A. (Eds.). (2000). From Neurons to Neighborhoods: The Science of Early Childhood Development. Washington, D.C.: National Academy Press.
- Siegel, D. J. (2012). The Whole-Brain Child: 12 Revolutionary Strategies to Nurture Your Child's Developing Mind. New York: Bantam Books. ISBN: 9780553386691.
- Siegel, D. J. (2013). Brainstorm: The Power and Purpose of the Teenage Brain. New York: TarcherPerigee.
- Siegel, D. J., & Bryson, T. P. (2012). The Whole-Brain Child: 12 Revolutionary Strategies to Nurture Your Child's Developing Mind. New York: Bantam Books. ISBN: 9780553386691.
- Siegel, D. J., & Bryson, T. P. (2014). No-Drama Discipline: The Whole-Brain Way to Calm the Chaos and Nurture Your Child's Developing Mind. New York: Bantam.
- Singer, M. A. (2019). The Untethered Soul: The Journey Beyond Yourself. Beijing: Huawen Publishing House. ISBN: 9787508643954.
- Shure, M. B., & DiGeronimo, T. F. (2001). I Can Problem Solve: An Interpersonal Cognitive Problem-Solving Program. New York: Research Press. ISBN: 9780878224567.
- Skinner, B. F. (1953). Science and Human Behavior. New York: Free Press. ISBN: 9780029290408.
- Skinner, B. F. (1974). About Behaviorism. New York: Vintage Books.
- Statistics Canada. (2021). Canadian Youth Mental Health Survey: Stress, Anxiety, and Depression. Retrieved from https://www.statcan.gc.ca.
- Steinberg, L. (2004). The Ten Basic Principles of Good Parenting. New York: Simon & Schuster.
- Steinberg, L. (2014). Age of Opportunity: Lessons from the New Science of Adolescence. New York: Houghton Mifflin Harcourt. ISBN: 9780544279773.
- Straus, M. A., & Stewart, J. H. (1999). Corporal punishment by American parents: National data on prevalence, chronicity, severity, and duration, in relation to child and family characteristics. Clinical Child and Family Psychology Review, 2(2), 55 – 70.
- Stixrud, W., & Johnson, N. (2018). The Self-Driven Child: The Science and Sense of Giving Your Kids More Control Over Their Lives. New York: Viking. ISBN: 9780735222519.
- Stixrud, W., & Johnson, N. (2020). The Self-Driven Child. Beijing: CITIC Press Group. ISBN: 9787521718089.
- Tannen, D. (2006). You're Wearing That?: Understanding Mothers and Daughters in Conversation. New York: Random House.
- Taylor, A. F., & Kuo, F. E. (2009). Children with Attention Deficits Concentrate Better After Walks in Natural Settings. Journal of Attention Disorders, 12(5), 402 – 409.
- Tolman, E. C. (1948). Cognitive maps in rats and men. Psychological Review, 55(4), 189 – 208.
- Tolstoy, L. (1981). Anna Karenina (Original work published 1878). New York: Bantam Books.
- Tolstoy, L. (2009). Anna Karenina. Oxford: Oxford University Press.
- Tsabary, S. (2014). The Conscious Parent: Transforming Ourselves, Empowering Our Children. Vancouver, BC: Namaste Publishing.
- Tsabary, S. (2018). The Awakened Family. Beijing: Beijing United Publishing Company. ISBN: 9787552029185.
- Twenge, J. M. (2017). iGen: Why Today's Super-Connected Kids Are Growing Up Less Rebellious, More Tolerant, Less Happy – and Completely Unprepared for Adulthood. New York: Atria Books. ISBN: 9781501151989.
- Vaillant, G. E. (2002). Aging Well: Surprising Guideposts to a Happier Life. Boston: Little, Brown and Company.

ISBN: 9780316090070.

- Vaillant, G. E. (2012). Triumphs of Experience: The Men of the Harvard Grant Study. Cambridge, MA: Belknap Press.
- Vygotsky, L. S. (1978). Mind in Society: The Development of Higher Psychological Processes. Cambridge, MA: Harvard University Press. ISBN: 9780674576292.
- Walker, B. F. (2017). Anxiety Relief for Kids: On-the-Spot Strategies to Help Your Child Overcome Worry, Panic, and Avoidance. Oakland: New Harbinger Publications.
- Walker, B. F. (2018). Helping Your Anxious Child. Beijing: China Light Industry Press. ISBN: 9787518415986.
- Walker, B. F. (2020). Social Anxiety Relief for Teens: A Step-by-Step CBT Guide to Feel Confident and Comfortable in Any Situation. Oakland, CA: New Harbinger Publications.
- Walker, M. P., & Stickgold, R. (2004). Sleep-dependent learning and memory consolidation. Neuron, 44(1), 121 – 133. DOI: 10.1016/j.neuron.2004.08.031.
- Whitman, W. (2006). Leaves of Grass. Tianjin: Tianjin Education Press. ISBN: 9787530946138.
- Winnicott, D. W. (1965). The Maturational Processes and the Facilitating Environment: Studies in the Theory of Emotional Development. New York: International Universities Press.
- Winnicott, D. W. (1986). Home Is Where We Start From: Essays by a Psychoanalyst. New York: W. W. Norton & Company.
- Witwer, S. (2018). CCTM Connections. AAACN Viewpoint, 40(1), 10-11.
- World Health Organization (WHO). (2021). Adolescent Mental Health. Retrieved from https://www.who.int/mental_health.

Thanks